Katharina Finke

LOSLASSEN

KATHARINA FINKE

# LOSLASSEN

***Wie ich die Welt entdeckte und verzichten lernte***

Mit 58 farbigen Fotos und einer Karte

MALIK

Mehr über unsere Autoren und Bücher:
*www.malik.de*

FSC
www.fsc.org
MIX
Papier aus verantwortungsvollen Quellen
FSC® C083411

ISBN 978-3-89029-481-0

Redaktion: Matthias Teiting, Dresden
Fotos Innenteil: Katharina Finke; mit Ausnahme der Fotos im Bildteil auf S. 1 (oben und unten), 10 (unten), 11 (unten), 12 (unten), 13 (oben und unten), 14 (oben links und rechts, unten), 15 (unten), 16 (oben): David Weyand, www.david-weyand.de; sowie des Hintergrundfotos der hinteren Innenklappe: shutterstock
Karte: Marlise Kunkel, München
Satz: psb, Berlin
Litho: Lorenz & Zeller, Inning a. A.
Druck und Bindung: CPI books GmbH, Leck
Printed in Germany

# Inhalt

# Loslassen

Fast alles, was ich besitze, passt auf eine Buchseite. Bis auf wenige Ausnahmen sind dies Dinge, die ich wirklich brauche: zwei Mäntel, zwei Jacken und zwei Blazer; drei Jeans, zwei Stoffhosen, acht Röcke und zwei Dutzend Kleider; ein Paar robuste Schuhe für den Winter, zwei mit Absätzen, zwei leichtere für den Sommer, Sandalen und Sportschuhe; Socken, Strumpfhosen, Unterwäsche, Sportklamotten; ein Bikini, eine Sonnenbrille, zwei Gürtel, eine Mütze und ein paar Schals; Haarbürste, Zahnbürste, eine Handvoll Kosmetikprodukte sowie Schmuck; ein Fön, zwei Handtücher, ein Schlafsack und ein Bügeleisen, alles in der Reisevariante; außerdem Strickjacken und Pullis, Kurz- und Langarmshirts sowie ein paar Blusen und Tunikas; zwei große und eine kleine Handtasche, ein Geldbeutel, ein Rucksack und ein paar Jutebeutel; zwei Reisepässe; ein Thermobecher, ein Korkbehälter für Salz; Notizbuch, Recherche- und Finanzunterlagen, ein paar Stifte; Kopfhörer und eine Schlafbrille; Adapter für Smartphone, Kamera und Laptop, auf dem sich auch meine digitale Bücher- und Musiksammlung befindet; dazu noch ein paar gedruckte Bücher, die ich nach dem Lesen wieder gegen neue tausche. Das einzige Stück, das nicht in mein Reisegepäck passt, ist mein Rennrad. Alles andere, selbst mein Kung-Fu-Schwert und die Kung-Fu-Schuhe sowie eine bunte Decke aus Bali kann ich in einer Tasche und einem Koffer verstauen, wenn ich unterwegs bin.

Des Weiteren besitze ich einen Koffer und einen Umzugskarton mit Erinnerungsstücken, die ich bei meinen Eltern untergestellt habe. Darin: ein Tennisschläger, antikes Geschirr und Fotos. Eine Wohnung habe ich nicht. Genauso wenig wie Möbel oder ein Auto. Und das alles ist kein Experiment oder eine Übergangslösung. Es ist mein Alltag seit fast fünf Jahren.

Das Komische ist: Jetzt, wo ich aufschreibe, was ich alles besitze, kommt es mir vor, als wäre es viel. Dabei ist es nur ein Bruchteil dessen, was die Mehrheit der Menschen in der westlichen Welt besitzt: Zehntausend Gegenstände nennt beispielsweise jeder Deutsche laut einer Statistik sein Eigen. Tendenz steigend.

Bei mir war das früher genauso. Bis zum Sommer 2012. Damals saß ich in einem winzigen Zimmer direkt unter dem Dach eines alten Hauses in Lissabon, als plötzlich eine E-Mail auf meinem Laptop-Bildschirm aufpoppte: »Katharina, ich will umziehen. Was sollen wir mit unserer Wohnung machen?«, fragte mich Arjun, von dem ich seit einigen Monaten getrennt war, der aber noch in unserer gemeinsamen Mietwohnung in Hamburg lebte.

Meine Bleibe in der portugiesischen Hauptstadt hatte ich Ana zu verdanken, die ich dort über Freunde kennengelernt hatte. Sie bot mir an, in ihrer Dreizimmerwohnung unterzukommen. Allerdings war nur noch die Abstellkammer frei. Für mich kein Problem. Doch Xavi aus Spanien, der das angrenzende Zimmer bewohnte, machte sich darüber lustig. »*Loca Alemana* – verrückte Deutsche«, nannte er mich. »Auf drei Quadratmetern leben und arbeiten – das ist doch nicht normal!«

Das war der kleinen, zierlichen Ana unangenehm, weil sie selbst Architektin war, und so versuchte sie, die Kammer für mich wohnlicher und bequemer zu machen: Sie gab mir einen Stuhl, damit ich mich an den kleinen Tisch unter dem winzigen Dachfenster setzen konnte, auf den gerade so mein Laptop und eine Tasse passten.

»Deine Sachen kannst du in dem eingebauten Schrank unterbringen«, sagte sie und organisierte mir später noch zwei schon etwas in die Jahre gekommene Campingmatratzen mit Blumenmuster in den Farben der portugiesischen Flagge: rot und grün. »Damit kannst du bestimmt besser schlafen!«

Ich schichtete die Unterlagen auf einen Sessel, den ich jeden Abend ausklappen musste, um darauf zu nächtigen. Dann gab es allerdings keinen Platz mehr zum Stehen oder Sitzen. Auch die Tür der Kammer ging dadurch nicht mehr auf, was mich jedoch freute, weil ich so etwas ungestörter war, denn zu meinem Zimmer gab es keinen Schlüssel und es konnte jederzeit jemand hereinplatzen. Privatsphäre hatte ich also nur bedingt. Meine Mitbewohner kamen vor allem immer dann, wenn das Internet ausfiel und sie den Router, der in meinem Zimmer stand, wieder in Gang bringen wollten. Und das geschah häufiger, da wir direkt neben Sé, der Kathedrale von Lissabon, in einem Viertel wohnten, wo viele der alten Bauten keine gute Netzabdeckung hatten.

Schockiert von Arjuns E-Mail saß ich noch immer ratlos vor meinem Laptop, als Ana bei mir hereinschaute.

»*Tudo bem?* – Alles klar?«, fragte sie besorgt.

»*Pois …* – Also …«, begann ich zögernd, und sie fragte auf Englisch weiter: »Was ist los, K?«

Dann erzählte ich Ana von Arjuns Nachricht. Sie schlug sofort vor, in unser Lieblingscafé zu gehen. Es lag nur wenige Schritte von Anas Wohnung entfernt, direkt an der Kathedrale. Dort setzten wir uns draußen in die Sonne und bestellten wie immer einen *Garoto*, Espresso mit einem Schuss warmer Milch, und Ananassaft mit frischer Minze. Es roch nach Meer, der Wind wehte salzige Luft den Tejo hinauf, an dessen Ufer die portugiesische Hauptstadt liegt. Die berühmte Straßenbahn Nummer 28 ratterte an uns vorbei und einen der sieben Hügel Lissabons hinauf zum Castelo. Das alte gelb-weiße Gefährt war vollgepackt mit Touristen, die pausenlos fotografierten. Als die Bahn vorüber war, zündete Ana sich eine Zigarette an, blies den Rauch in die vor Hitze flirrende Luft und fragte mich: »Hat dich seine E-Mail überrascht?«

»Sehr, so etwas hatte ich von Arjun nicht erwartet.«

Der wesentliche Unterschied zwischen uns war, dass ihm oft die Vorstellung von etwas ausreichte, ich es aber wirklich erleben wollte. »Ich will später nicht sagen: Das wollte ich auch immer machen – und es am Ende nicht getan haben«, sagte ich oft zu ihm. Er nannte mich deswegen manchmal seine kleine Antigone und zitierte Sophokles: »Ich will alles sofort und vollkommen – oder ich will nichts.« Mein größter Wunsch war immer, die Welt zu entdecken. Das setzte ich schließlich auch in die Tat um. Ich begann um die Welt zu reisen. Auf Europa folgten die USA, Kanada, Australien, Neuseeland und Indien. Zwischendurch flog ich immer wieder nach Deutschland, meist nach Hamburg, zurück.

»Wie war es für dich zurückzukehren?«, fragte Ana.

»Es war komisch und fühlte sich fremd an«, gab ich zurück. Ich habe mich immer nach der Ferne gesehnt, erklärte ich ihr. Wenn ich dann zurück in Hamburg war, fühlte ich mich dort auf Dauer nicht mehr wohl. Ich packte also gleich wieder die Koffer. So kam es, dass ich erst nach Buenos Aires flog und schließlich in Portugal strandete. Eigentlich war der Aufenthalt nur als Zwischenstopp auf dem Weg zurück nach Deutschland geplant gewesen – ich verlängerte jedoch immer wieder. Als freie Journalistin konnte ich selbst entscheiden, wo ich arbeiten wollte. Ich wusste allerdings auch, dass ich Lissabon bald wieder verlassen würde, denn meine nächsten Reisen waren schon geplant: Recherchen im Süden Portugals und Aufträge in New York.

»Überlege dir, was für dich wichtig ist«, riet mir Ana auf unserem Rückweg.

Als ich wieder in meiner kleinen Kammer saß und mich umsah, wurde mir klar, dass ich in den letzten Monaten nicht mehr gebraucht hatte als das, was ich bei mir hatte: Kleidung, Laptop, Handy. Und die Menschen um mich herum. Die Wohnung in Hamburg allein zu behalten würde eine Bürde für mich bedeuten. Insbesondere den Gedanken, dass ich mich während meiner Reisen aus der Ferne immer wieder um Zwischenmieter kümmern müsste, empfand ich als belastend. Also antwortete ich Arjun: »Lass uns die Wohnung auflösen.«

~

Einen Monat später flog ich von Lissabon nach Hamburg. Während des Fluges hatte ich ein mulmiges Gefühl, das ich nicht wirklich einordnen konnte. Ich empfand Aufregung, aber auch Angst. So etwas hatte ich noch nie zuvor erlebt. Mir war zum damaligen Zeitpunkt nicht bewusst, was für

Konsequenzen die Wohnungsauflösung für mein Leben haben würde. Aber ich spürte, dass sich viel verändern würde.

Eine Stunde nach meiner Ankunft in Hamburg stand ich vor unserer Altbauwohnung in Eimsbüttel. Arjun nahm mich zur Begrüßung in den Arm. Lange und intensiv. Er presste meinen Kopf sanft an seine Schulter. Mit seinen knapp ein Meter neunzig war er fast zwanzig Zentimeter größer als ich. In der Wohnung roch es nach Kaffee. Alles wirkte wie immer. Doch das unbehagliche Gefühl aus dem Flugzeug wollte nicht verschwinden. Arjun bot mir Franzbrötchen aus unserer Lieblingsbäckerei an. So, als wollte er mir das Heimkommen im wahrsten Sinne des Wortes schmackhaft machen. Aber auch das konnte nichts an meiner Stimmung ändern. Ich bedankte mich, und wir setzten uns auf den großzügigen Südbalkon.

Von den Blumen und Kräutern, die ich angepflanzt hatte, als wir noch gemeinsam hier gewohnt hatten, waren nur noch verdorrte Stiele übrig. Arjun bemerkte meinen kritischen Blick und entschuldigte sich: »Sorry, aber ich hab einfach keinen grünen Daumen.«

»Das macht jetzt ja auch nichts mehr«, sagte ich.

Er guckte mich mit seinen großen braunen Augen traurig an. Ich wich seinem Blick aus und sah ins Wohnzimmer. Quer über den alten, heruntergekommenen Dielenboden verstreut lagen Stapel aus Notizen und Zeitungsartikeln. »Du hast noch gar nicht angefangen, die Kisten zu packen?«, fragte ich überrascht.

»Nein, ich wollte damit auf dich warten.«

Ich stand auf, trat durch die Balkontür und lief durchs Zimmer. Alles war wie früher. Außer, dass sich die Papierstapel in meiner Abwesenheit auf das Sofa, den kleinen

Couchtisch und den Schreibtisch ausgeweitet hatten. Die Möbel versanken förmlich unter Papierbergen.

An die Stelle meines Unmutes über die Unordnung trat plötzlich Wehmut. Vor drei Jahren waren wir zusammen eingezogen. Und obwohl ich nun schon über ein Jahr nicht mehr hier wohnte, war alles noch sehr vertraut und mit so vielen Erinnerungen verbunden: Die Füße des Sideboards hatte Arjun durch Bücher ersetzt. Es war bereits einmal zusammengebrochen, weil er so viel Krimskrams darin verstaut hatte. Vor den alten grün-weißen Kacheln in der Wohnküche stand der Kühlschrank. An ihm hing immer noch ein Zettel mit der Botschaft: »Wir sind im *Ribs.*« In dieser Eckkneipe gegenüber unserer Wohnung hatten wir oft noch einen Absacker getrunken. Der Zettel stammte von einem Abend, an dem Arjun mit Freunden gefeiert hatte und ich nachkommen sollte. Wir hatten in unserer Wohnung eine schöne Zeit verbracht. Mit viel Beständigkeit, aber auch Freiheit für jeden von uns.

»Ist schon schade«, bemerkte Arjun plötzlich, als könnte er meine Gedanken lesen. Er war nun auch vom Balkon hereingekommen und stand hinter mir. Ich drehte mich um und stimmte leise zu: »Ja.« Unsere Blicke trafen sich. In diesem Moment erinnerte ich mich daran, wie wir uns bei meinem letzten Besuch in Hamburg noch in den Armen gelegen, ich ihm seine schwarzen Locken gekrault und wir gemeinsam geweint hatten. Jetzt schien alles nüchterner.

»Was machst du eigentlich mit deinen Sachen?«

»Ich werde mich von ihnen trennen«, antwortete ich.

In meiner kleinen Kammer in Lissabon hatte ich lange nachgedacht, ob ich meinen Besitz, der sich bis dato noch in der Wohnung befand, aufheben oder ausmisten sollte. Und ich hatte mich informiert: Die Sachen einzulagern, kostete mindestens dreißig Euro im Monat. Davon könnte ich unterwegs schon meine Handyrechnung bezahlen. Viel wichtiger für die Entscheidung, den Großteil meines Besitzes aufzugeben, war jedoch die Erkenntnis, dass ich auf Reisen an die meisten Dinge in Hamburg keinen Gedanken verloren hatte. Es ging mir gut ohne meinen Schreibtisch, mein Bücherregal oder meinen opulenten Kleiderschrank. Zu wissen, dass ich jeden Moment meine Siebensachen packen und weiterziehen konnte, hatte mir ein Gefühl von Freiheit gegeben, bei dem mir nichts fehlte.

Diese Leichtigkeit verschwand jedoch schon bei dem Gedanken daran, was sich noch alles auf unserem Dachboden befand und wie es mir immer davor gegraut hatte, ihn zu betreten. Mich durch schwere, ungeordnete und staubige Kartons wühlen zu müssen. Einen nach dem anderen zu öffnen und meist erst beim letzten zu finden, was ich gesucht hatte. Wenn überhaupt. Auf den Reisen, die vor mir lagen, konnte ich solche Gefühle und Gedanken nicht gebrauchen. Arjun hörte zu, nickte und schaute ein wenig ratlos.

~

Am nächsten Tag begannen wir mit dem Ausmisten. Unsere Wohnung verwandelte sich in ein strategisches Schlachtfeld. Das ehemalige Schlafzimmer wurde zum Müllzimmer umfunktioniert. Hier kam alles hin, was wir verkaufen, verschenken oder zur Not wegwerfen wollten. Im Wohnzimmer lagerte Arjun die Sachen, die er behalten und mit in seine neue Wohnung nehmen wollte. Dazu gehörten das Bett, das Sofa, alle Regale und Bilder, die Waschmaschine, die alte

Bohrmaschine und der Staubsauger. Außerdem fast alle Töpfe und Küchenutensilien. Nur das Sideboard war zu demoliert.

Am meisten sortierte Arjun aber bei seiner Kleidung aus – und genau damit fing auch ich an. Allerdings im Schlafzimmer, damit wir uns nicht in die Quere kamen. Die Kleidung, die ich nicht mehr wollte, wanderte in große blaue Müllbeutel, um sie am Wochenende auf dem Flohmarkt zu verkaufen. Schnell befanden sich darin Glitzergürtel, Stoffhosen und unzählige Oberteile aus meiner Teenie-Zeit, die ich nie mehr anziehen würde. Ein rotes Oberteil mit tiefem Ausschnitt hatte ich damals gern abends beim Ausgehen angezogen, um die Blicke der Männer auf mich zu ziehen. Inzwischen war ich über diese Phase hinweg und sortierte es mit einem Schmunzeln aus. Fassungslos war ich über die Unmengen von Taschen und Schuhen. Einige waren unbenutzt, andere nicht mehr zu retten, weil die Absätze zu stark abgelaufen oder die Henkel abgerissen waren. Auf Qualität hatte ich damals nicht geachtet, umso mehr auf modische Farbkombinationen.

»Furchtbar«, dachte ich und steckte die grellgelben Schuhe und die dazugehörende Tasche in den Müllsack. Ebenso wie die rosa Halbschuhe und die farblich passende Umhängetasche. Beide hatte ich nur einmal getragen. An ein paar Teilen hing sogar noch das Etikett. Ich schüttelte den Kopf, als wollte ich dadurch meine frühere Naivität abschütteln. Nur sehr wenige Kleidungsstücke behielt ich. Darunter ein T-Shirt von meiner Arbeitsstelle in Bristol und ein Langarm-Shirt aus Australien, das ich dort häufig getragen hatte. Und verhältnismäßig viele Kleider, weil sie praktisch sind. Sie nehmen nicht viel Platz im Gepäck ein, außerdem hat man mit nur einem Kleidungsstück sofort ein schickes Outfit. Und wenn es kälter wird, zieht man schnell eine leichte Strumpfhose darunter.

Mehrere Stunden später, als ich vor dem leeren Schrank stand, hielt ich inne. Ein seltsames Gefühl überkam mich: eine Mischung aus Ernüchterung und Stolz. In der Mitte des Zimmers stapelten sich zwölf Müllsäcke voller Kleidung. Ich hatte es geschafft, mich von Unnötigem zu trennen, das fühlte sich befreiend an. Gleichzeitig wurde mir jedoch klar, dass diese Dinge in Zukunft nicht mehr für mich verfügbar sein würden. Genauso wenig wie die Möbel.

Zum Glück konnte ich mich diesem beklemmenden Gefühl nicht allzu lange hingeben, da nun zwei Männer an der Tür klingelten, um den fünf Meter langen Kleiderschrank abzuholen. Sie hatten ihn im Internet ersteigert, bauten ihn schneller ab, als ich gucken konnte, und nahmen ihn mit. Das Zimmer war dadurch noch leerer geworden.

Mich überkam Angst, dieselbe Angst, die ich auf dem Rückflug nach Hamburg empfunden hatte. Angst vor der Ungewissheit, Angst, es später vielleicht zu bereuen. Angst vor der Leere, Angst davor, diese Leere füllen zu müssen. Angst, im freien Fall durch mein Leben zu sausen, ohne von etwas aufgehalten zu werden, weil da einfach nichts mehr war. Es fühlte sich alles so endgültig an. Fremd und unberechenbar.

Damit Arjun nichts mitbekam, riss ich mich zusammen. Er betrat in diesem Augenblick das Schlafzimmer und stellte mir mehrere eingestaubte Kisten vom Dachboden vor die Füße. Darin befand sich meine gut erhaltene Stofftiersammlung. Als ich die drei Dutzend Kuscheltiere herausholte, fühlte ich mich in meine Kindheit zurückversetzt. Die meisten hatte ich von meiner Großmutter bekommen.

Die Eltern meines Vaters hatten früher ein Spielwarengeschäft in Wilhelmshaven gehabt, der Hafenstadt an der Nordsee. Hinter dem Schaufenster des Geschäfts fuhr eine

Modelleisenbahn, daneben standen Autos, Puppen, Teddybären. Alles, was Kinder auf ihrer Wunschliste haben. Immer wenn wir meine Großeltern besuchten, die beide inzwischen verstorben sind, durften mein über zwei Jahre älterer Bruder und ich uns etwas aussuchen. Mein Großvater, durch und durch Geschäftsmann, sah das zwar nicht gern, doch meiner Großmutter gefiel es sehr, wenn sie uns eine Freude machen konnte, und sie versuchte es so einzufädeln, dass mein Großvater es nicht mitbekam. Wenn er im Geschäft war, schlichen wir in ihr Schlafzimmer im zweiten Stock, wo meine Oma auf einem Regal über ihrem Bett die verschiedensten Stofftiere drapiert hatte. »Die sind von Steiff«, sagte sie, »und etwas Besonderes.«

Von großen Leoparden und weichen Ponys über harte Maulwürfe und kleine Mäuse bis hin zu kuscheligen Hunden und Schildkröten war alles dabei. Es dauerte oft Stunden, bis ich mich für eines von ihnen entscheiden konnte. Früher verstand ich nicht, wieso. Heute weiß ich, woran das lag: Wirklich brauchen tat ich keines von ihnen.

Mein Lieblingsstück war ein dunkelbraunes weiches Pferd, das fast so lang war wie mein Arm. Ich taufte es Molly und hatte es ausgewählt, weil es so groß und kuschelig war. Jetzt hatte ich Molly zum ersten Mal seit Jahren wieder in der Hand. »Was soll ich mit ihr anfangen?«, fragte ich mich. Konnte ich etwas, das mir geschenkt worden war, weiterverschenken? Eine sehr schwierige Frage.

Aber war es nicht besser, jemand anderes erfreute sich daran, als wenn es bei mir ungenutzt verstaubte? Meine Großmutter hatte es genossen, uns mit den Kuscheltieren eine Freude zu machen. Diese Tradition wollte ich beibehalten. Also beschloss ich, meine Stofftiere zu spenden. Ich knuddelte Molly ein letztes Mal und steckte sie dann schnell mit den anderen Tieren in einen extra Müllsack.

Als ich den nächsten Karton aufmachte, wehte mir eine Staubwolke entgegen. Ich musste niesen. Dann kamen alte Poesiealben, Fotos und meine ersten Liebesbriefe zum Vorschein. Die musste ich mir genauer ansehen und wurde wieder sentimental. Außerdem fand ich Postkarten von Oma Lise, der bereits verstorbenen Mutter meiner Mutter.

Ich blickte auf den kleinen goldenen, verschnörkelten Ring an meinem linken Mittelfinger, den Oma Lise zu Lebzeiten stets getragen hatte. Meine Augen füllten sich mit Tränen. Sie fehlte mir sehr. Ich erinnerte mich daran, wie ich sie als Kind häufig in Jever besucht hatte. Wenn wir von den Eltern meines Vaters die zwanzig Kilometer in die kleine friesische Stadt fuhren, empfing uns Oma Lise mit ihrem selbst gemachten Schokoladenkuchen. Danach spazierten wir meist zum Schloss oder zum Sagenbrunnen. Auf dem standen Bronzefiguren, über die ich gern Geschichten erfand, die ich meiner Oma erzählte. »Du wirst einmal Schriftstellerin«, hatte sie immer wieder gesagt und recht behalten, tatsächlich verdiene ich mein Geld heute mit dem Schreiben. Leider hat sie das nicht mehr erlebt.

Wenn wir im Anschluss an unsere Touren ein Eis essen gingen, nahm Oma Lise immer eine Kugel Erdbeere und ich eine Kugel Schokolade, und wenn sie ihre Waffel in der Hand hielt, fiel mein Blick auf ihren Ring, ohne den ich sie nie gesehen habe. Selbst beim Pulen der Nordseekrabben, was traditionell die Frauen übernahmen, legte sie ihn nicht ab. Er war schlicht, aber hatte wie die Brunnenfiguren etwas ausgesprochen Elegantes, das mich faszinierte: dezent glänzend und filigran verarbeitet.

Leider erkrankte meine Oma immer wieder an Krebs, und unsere Ausflüge wurden seltener. Manchmal besuchten wir sie auf Kur. Später immer häufiger im Krankenhaus. Als sie eines Tages wieder eingeliefert wurde, bekam sie Medikamente, die ihre Finger anschwellen ließen – jetzt konnte Oma Lise ihren Ring nicht mehr tragen.

Auf ihrer Beerdigung überreichte mir meine Mutter ein Schmuckkästchen: »Sie wollte, dass du ihn bekommst«, sagte sie mit Tränen in den Augen. Seitdem trage ich den Ring, und er funkelt an meinem Finger, fast so wie bei ihr.

Nach all diesen Erinnerungen brauchte ich etwas frische Luft. Ich wischte mir die Tränen aus dem Gesicht und schnappte mir den Müllbeutel mit den Stofftieren. Damit lief ich die drei Stockwerke des Hauses hinunter zu einem kleinen Laden in unserer Straße. An der Glasscheibe wurde in großen Buchstaben um Sachspenden geworben. Das war mir, als ich noch hier gewohnt hatte, nie aufgefallen. Dabei war ich fast täglich an diesem Laden vorbeigegangen. Als ich mit dem großen Sack in der Hand den Verkaufsraum nun erstmals betrat, begrüßte mich eine zierliche Frau mit langen grauen Haaren und ausgeblichener Jeans: »Wie kann ich dir helfen?« Sie war offensichtlich die Betreiberin des Geschäfts.

»Ich möchte diese Kuscheltiere spenden«, sagte ich.

Kommentarlos nahm sie den Sack entgegen, öffnete ihn und schaute hinein. »Danke«, erwiderte sie kurz, stellte die Tiere in eine Ecke und beachtete sie nicht weiter.

Ich fühlte mich wie vor den Kopf gestoßen. Immerhin hatte ich ihr gerade einen Teil meiner Kindheit überreicht, und sie ging so lieblos damit um. Aber was hatte ich auch erwartet? Anerkennung? Interesse? Dank? Das war mir niemand schuldig. Schließlich war es meine Entscheidung, mich von diesen Dingen zu trennen. Ich schluckte, und statt eingeschnappt zu sein, fragte ich die Besitzerin des Geschäfts, was sie sonst noch brauchen könnte.

»Vor allem Geschirr«, sagte sie.

»Davon habe ich einiges, ich werde es gleich morgen vorbeibringen«, versicherte ich ihr und lief zurück zur Wohnung. Dort hatte sich Arjun zu einer Pause in die Küche gesetzt und einen Kaffee für uns gekocht.

»Wo bist du gewesen?«, wollte er wissen, und ich erzählte ihm von dem Laden.

»Findest du es nicht schwer, deine ganzen Kindheitserinnerungen wegzugeben?«, fragte Arjun nach und runzelte die Stirn.

»Doch«, entgegnete ich ihm, »aber andere können die Sachen besser gebrauchen.«

In Wirklichkeit war der Prozess des radikalen Ausmistens alles andere als einfach für mich. Aber das wollte ich ihm gegenüber nicht zugeben. Ich fing an, das Geschirr in der Küche auszusortieren. Fast die Hälfte davon wollte Arjun behalten. Die andere Hälfte würde ich am nächsten Tag in den Secondhandladen bringen. Nur ein paar Erbstücke, friesische Kuchenteller von meiner Großmutter, hüllte ich vorsichtig in Zeitungspapier und packte sie in einen Umzugskarton, den ich bei meinen Eltern lagern wollte.

Im Schlafzimmer warteten inzwischen neue Sachen auf mich, die Arjun vom Dachboden geholt hatte: ein Paar Skier und Schlittschuhe sowie ein Fußball, ein Volleyball und ein Badminton-Set. Ein halber Sportladen. In einer Box befanden sich Pokale, Medaillen und Urkunden. Die hatte ich bei den Tennis- und Leichtathletikwettkämpfen ergattert, an denen ich in meiner Jugend regelmäßig teilgenommen hatte.

Als ich meinen alten Tennisschläger in die Hand nahm, erinnerte ich mich an den Tag, als ich beim Training auf einmal mein rechtes Bein nicht mehr bewegen konnte. Mein Knie war völlig blockiert. Ich musste sofort ins Krankenhaus. Dort wurde mir dann der Großteil meines Meniskus entfernt. Das war damals das Aus für meine Sportkarriere gewesen, da es auch in meinem linken Kniegelenk nicht besonders gut aussah. Für mich kam das zu dieser Zeit dem Weltuntergang gleich. Im Nachhinein habe ich aber auch etwas daraus gelernt: Manchmal ist es gut, sich nicht in Dinge hineinzusteigern. Das wollte ich auch jetzt beherzigen und verstaute den Schläger in dem Karton mit den Dingen, die ich bei meinen Eltern deponieren wollte. Alle anderen Erinnerungsstücke an meine verhinderte Karriere als Leistungssportlerin wanderten in die blauen Müllsäcke.

~

Nach ein paar Tagen waren wir endlich fertig. Küche und Bad waren besenrein. Im Wohnzimmer standen die übrig gebliebenen Möbel und die Kartons von Arjun für seinen Umzug. Im Schlafzimmer hallte es vor Leere. Darin befanden sich nur einige Müllsäcke, deren Inhalt ich am nächsten Tag auf dem Flohmarkt verkaufen wollte, und eine Matratze, auf der wir die letzten Nächte in unserer gemeinsamen Wohnung verbrachten.

Am Abend beschlossen wir, ein letztes Mal zu unserem Lieblingsitaliener zu gehen. Dort roch es nach Trüffeln, Rotwein und Parmesan. Bei Kerzenlicht sprachen wir über die Dinge, die wir in den vergangenen Tagen wiederentdeckt hatten. Arjun hing besonders an seinen Büchern, Bildern und

Fußballschuhen. Der große Unterschied war, dass er das meiste aus Melancholie behalten hatte, ich meine Dinge aber aus genau diesem Grund weggeben hatte: In den vergangenen Tagen hatte ich genug in Erinnerungen geschwelgt, ich wollte mich vor diesem Gefühl in Zukunft schützen. Ich machte mir bewusst, dass die Gegenstände, über die wir sprachen, nun entweder verschenkt, weggeworfen oder im Besitz von Arjun waren. Als er sie mir gezeigt hatte, war meine Reaktion immer die gleiche gewesen. Ich hatte sie mir ein letztes Mal angesehen und dann gesagt: »Kannst du gern behalten.«

Nach dem Abendessen gingen wir gemeinsam zurück in die nun sehr leer wirkende Wohnung und legten uns zum Schlafen auf die Matratze.

»Wie fühlt es sich an, sich von seinem alten Leben so entschieden zu trennen?«, fragte Arjun.

Statt einer Antwort schoss mir zuerst eine Gegenfrage durch den Kopf: Hatte er etwas von meinen gemischten Gefühlen in den vergangenen Tagen mitbekommen? Aber wahrscheinlich war das einfach nur eine naheliegende Frage. Ich drehte mich zu ihm um und erwiderte: »Es fühlt sich irgendwie komisch an.«

Inzwischen war er ein Stück näher gerückt, schob mir eine meiner blonden Haarsträhnen aus dem Gesicht und hakte nach: »Wie denn genau? Wie geht es dir damit?«

Auf einmal war all der Abstand dahin, den wir in den vergangenen Tagen und Wochen zwischen uns aufgebaut hatten. Wir waren uns wieder sehr nah.

Arjuns mitfühlende Art war etwas Besonderes. Er begann, mich mit der Hand am Kopf zu streicheln. Ich schob sie weg und antwortete ihm: »Es fühlt sich alles noch gar nicht echt an.« Damit konnte er wahrscheinlich etwas anfangen, da es ihm selbst oft schwerfiel, sich mit der Realität auseinanderzusetzen. Er schaute mich an und wartete eine Weile. Ich hoffte, dass er meine Worte nicht doppeldeutig aufgefasst hatte. Es war schön, dass er da war, dass wir zusammen waren, doch mir war klar, dass wir es in Zukunft nicht mehr sein würden.

Unser gemeinsames Freiheitskonzept hatte auf Dauer nicht funktioniert. Schon kurz nachdem wir uns in der Mittelstufe kennengelernt hatten, legten wir fest, dass wir den anderen nie in seiner Entwicklung behindern oder ihm etwas verbauen wollten. Nach über zehn Jahren hatte das bei uns aber dazu geführt, dass wir uns nicht nur immer öfter räumlich, sondern auch als Paar getrennt hatten. Also rückte ich ein Stück von ihm weg.

»Aber du brauchst doch auch etwas zum Leben«, sagte er, »ein paar beständige Dinge.« In seiner Stimme klang Verzweiflung mit. Schließlich war ich seine allererste Freundin gewesen.

Doch ich wollte mich ihm gegenüber nicht mehr öffnen. »Keine Sorge, ich komm schon klar«, sagte ich und drehte mich um. Der Schlaf jedoch kam erst viel später.

~

Am nächsten Morgen weckte mich das Klingeln meines Handy-Weckers. Es war halb sechs. Viel zu früh. Aber Zeit für den Flohmarkt. Eine Viertelstunde später läutete es an der Tür. Clara, eine Freundin von der Journalistenschule, hatte mir angeboten, mich mit dem Auto abzuholen, um meine Sachen zum Flohmarkt zu transportieren. Im Gegensatz zu mir war sie um diese Tageszeit schon sehr kommunikativ.

»Kati!«, rief sie bereits im Treppenhaus. Und als sie zur Tür hereinkam und ich sie umarmte, sagte sie: »Bist du fertig? Wir müssen los!«

»Fix und fertig«, dachte ich, denn viel Schlaf hatte ich nicht bekommen. Wie ich Arjun in diesem Moment beneidete, dass er weiterschlafen konnte!

Wir luden alles in ihren Kleinwagen, den sie direkt vor der Tür geparkt hatte. Einen Sack nach dem anderen quetschten wir hinein. Am Ende war das Auto so voll, dass die Kleiderstange und ich nicht mehr hineinpassten. Also fuhr Clara allein mit dem Auto los, und ich ging mit der Kleiderstange zu Fuß zum Flohmarkt.

Auf dem Weg kam ich ins Grübeln: Ein eigenes Auto hatte ich noch nie besessen, nur geliehen hatte ich mir hin und wieder eins. Dabei hatten mir meine Eltern zu meinem achtzehnten Geburtstag einen Führerschein geschenkt. Was in der Zwischenzeit – neun Jahren – alles passiert war, wurde mir in den vergangenen Tagen beim Durchforsten meiner Erinnerungsstücke bewusst. Ich war auf dem Weg, mich endgültig vom Rest dessen, was in materieller Hinsicht von meinen Erinnerungen geblieben war, zu trennen.

Als ich beim Flohmarkt in der Sternschanze – genannt »Flohschanze« – ankam, sah ich Clara schon von Weitem vor dem Auto warten. Viele Menschen wuselten an ihr vorbei. Sie schleppten prall gefüllte Kisten, Sporttaschen und Müllsäcke zu ihren Ständen. Manche davon bestanden aus festen Tischen, andere aus etwas wackligen Tapeziertischen, wieder andere aus Decken und Kleiderstangen, auf denen die Verkäufer ihre Waren drapierten. Das Angebot reichte von Möbeln und Fahrrädern über Spielzeug und Klamotten bis hin zu antiken Gegenständen. Meinem Stand gegenüber hatte ein

Mann unzählige Reagenzgläser, Schläuche und Messbecher aus Laborauflösungen vor seinem Bulli aufgebaut. Ein Paradies für Sammler, aber nicht für mich.

Allerdings mag ich die Grundidee des Flohmarkts – sie erinnert mich an meine Oma aus Wilhelmshaven. Dinge, die man selbst nicht mehr braucht, werden weitergegeben, um anderen eine Freude zu machen. Allerdings gibt es einen großen Risikofaktor, und wer schon einmal auf einem Flohmarkt war, kennt ihn: das Wetter.

An diesem Tag war der Himmel mit einer dicken Wolkendecke verhangen und ließ keine Sonnenstrahlen durch.

»Immerhin regnet es nicht«, sagte ich.

»Noch nicht«, meinte Clara, die skeptisch war und leider recht behalten sollte.

Kurz nachdem wir die Kleiderstange aufgestellt, die Decke ausgebreitet und meine Sachen schön darauf angeordnet hatten, begann es zu tröpfeln. Einige der Besucher, die gerade erst gekommen waren, gingen sofort wieder. Doch ich hatte keine Wahl, in zwei Tagen ging mein Flieger zurück nach Portugal. Ich musste meine Sachen loswerden. Zum Glück unterstützte Clara mich tatkräftig und pries meine Ware lautstark an: »Klamotten aus aller Welt.« Ihre Masche funktionierte. Immer mehr Interessenten kamen zu unserem Stand und wollten Preis und Herkunft der Sachen erfahren.

»Wie viel willst du für das blaue Kleid?«, fragte eine ältere Dame.

»Zehn Euro«, gab ich zurück.

»Viel zu teuer!«

»Das ist aus Paris und hat über hundert Euro gekostet!«

»Na und, du spinnst wohl«, wetterte die Frau und ließ mich stehen.

Meine Laune wurde noch schlechter, als ich mir überlegte, wie viel Miese ich wohl mit dem Verkauf meines Hausstandes machen würde. Der finanzielle Verlust tat mir auf einmal doch weh. Es ärgerte mich, dass ich so kleinlich war, aber schließlich war auch ich auf ein wenig Geld angewiesen. Die Kommentare der Schnäppchenjäger trugen das Ihre zu meiner Laune bei, genau wie das Wetter. Inzwischen regnete es heftig, kurz darauf hagelte es sogar. Clara half mir noch schnell, die Müllsäcke aufzureißen und sie über meine Sachen zu legen. Dann schnappte sie sich die Lampe und die Klamotten, die sie sich vorher als Dank für ihre Hilfe ausgesucht hatte, und verabschiedete sich. Viele der anderen Verkäufer packten ihre Sachen zusammen. Doch ich harrte aus. In meine Regenjacke eingemummelt, justierte ich immer wieder die Müllsäcke nach, sodass meine Sachen nicht nass wurden.

Meine Geduld zahlte sich aus. Eine Stunde später ließ der Hagel nach, und die Wolkendecke riss auf. Ich hatte gerade die Müllbeutel wieder von meinen Sachen entfernt, da blickte ich in die Augen eines kleinen Jungen im Rollstuhl, der direkt vor meinen Füßen stand. Ich reichte ihm einen übergroßen Teddybären. Er nahm ihn begeistert an sich und wollte ihn gar nicht mehr loslassen. Die Frau, die den Rollstuhl schob, erkundigte sich nach dem Preis.

»Ein Euro«, antwortete ich. Dann schaute ich den Jungen noch einmal an und sah, wie sehr er sich über den Bären freute. »Weißt du was, ich schenk ihn dir!« Er strahlte über das ganze Gesicht, seine Begleiterin lächelte und bedankte sich mehrfach bei mir. Die Begeisterung der beiden war so groß, dass mir das Herz aufging. Es fühlte sich so gut an, etwas zu verschenken.

Die direkte Reaktion der Beschenkten zu erleben, war noch einmal etwas ganz anderes, als einfach nur Sachen anonym in einem Laden abzugeben, wie ich es mit den Stofftieren meiner Großmutter getan hatte. Die Freude des Jungen schwappte auf mich über und erfüllte mich mit einem Glücksgefühl. Eine tolle Erfahrung. Und vor allem war sie eins: unbezahlbar.

Meine negativen Gedanken über die nicht besonders ertragreichen Flohmarktgeschäfte waren wie verflogen. Ebenso wie die gierigen Schnäppchenjäger. Der Hagel hatte sie scheinbar vertrieben, und plötzlich hatte ich angenehme Kundschaft, die gute Kleidung zu kleinen Preisen zu schätzen wusste. Außerdem entstanden viele interessante Gespräche. Meist fingen sie mit der Frage an, warum ich all meine Sachen verkaufen wollte. »Weil ich sie auf meinen Reisen nicht brauche!«, war meine Standardantwort.

Eine kleine Frau mit einem braunen Bubikopf erzählte mir daraufhin, dass sie ebenfalls nur ganz wenig besitzen, aber nicht so viel reisen würde. Ich fragte sie: »Was machst du dann auf dem Flohmarkt?«

Sie erklärte mir, dass sie fast immer nur auf Trödelmärkte ging, um sich die Dinge anzusehen. Nur sehr selten kaufte sie auch mal was. Mich interessierte, welche ihrer Besitztümer ihr am wichtigsten waren und worauf sie nicht verzichten wollte.

»Klamotten«, sagte sie und lächelte, »deswegen nehme ich jetzt dieses T-Shirt mit, aber das ist ja auch secondhand.«

Nur zu gut konnte ich sie verstehen und erzählte ihr, dass Kleidung den größten Teil von dem ausmachte, was ich weggegeben hatte. Gleichzeitig stellten Klamotten nach wie vor den Großteil meines Besitzes dar.

»In meiner Wohnung stehen fast keine Möbel«, vertraute sie mir an, »mir geht es mit weniger irgendwie viel, viel besser.« Die Frau schien schon viel Erfahrung mit einem reduzierten Lebensstil zu haben. »Du bist doch auch eine Minimalistin, oder?«, fragte sie mich.

Ich wusste nicht, was sie meinte. Es war das erste Mal, dass ich diesen Begriff hörte und als Minimalistin bezeichnet wurde. »Kann sein«, antwortete ich, weil ich mich mit dem, was die Frau mir erzählt hatte, identifizieren konnte. Sie lächelte und ging weiter.

Schnell standen die nächsten Kunden an meinem Stand. Immer wieder kam ich ins Gespräch und hatte große Freude daran, etwas an sie weitergeben zu können. Nicht nur in materieller Form, sondern auch von meinen Erfahrungen. Denn viele hatten großes Interesse an meinem Leben. Also erzählte und verkaufte ich immer weiter.

Am Abend war nur noch eine Handvoll meiner Sachen übrig. Die steckte ich in einen Müllsack und gab ihn bei der Altkleidersammlung ab. Danach ging ich zu Clara, die mir die Kleiderstange geliehen hatte, gab sie ihr zurück und schlief vollkommen erledigt bei ihr auf der Couch ein.

~

Es war bereits Mittag, als ich am nächsten Tag aufwachte. Ich schaltete meinen Laptop ein und suchte nach dem Wort »Minimalistin«: 314.000 Treffer. Für »Minimalismus« gab es sogar 326.000 Ergebnisse. Es handle sich dabei um einen Lebensstil, bei dem es um Verzicht gehe, hieß es. Doch der gestalte sich sehr unterschiedlich: Die einen verzichteten angeblich auf eine Festanstellung, um mehr Zeit für sich zu haben. Andere auf Möbel, beispielsweise auf ein Bett, weil sie kein Problem damit hatten, in einer Hängematte zu schlafen. Wieder andere brauchten weder Laptop noch Handy oder Fernseher: »Digital Detox« nannte man das.

Ich stieß auf viele Gegensatzpaare: »Freiheit statt Alltagszwang«, »Genuss statt Übermaß«. Minimalisten, stand da, gehe es vor allem um Konsumkritik und Nachhaltigkeit. Deswegen wuschen sich manche die Haare mit Kernseife statt mit Shampoo, flogen nicht mit dem Flugzeug in den Urlaub, sondern fuhren Zug, und verwerteten – durch Recycling – so viele Gegenstände wie möglich wieder. Oder sie schafften sich erst gar nichts an, sondern liehen und teilten sich Sachen mit anderen in der Sharing Economy. Der Begriff stammte aus der Wirtschaft, las ich, weswegen er für viele Minimalisten angeblich eine negative Konnotation hatte. Vielleicht aber auch, weil Unternehmen die ursprünglich gemeinnützige Idee inzwischen gewinnorientiert ausschlachteten. Dennoch nutzten Minimalisten Angebote wie Bike-, Car- und Food-Sharing, genau wie Kleider- oder Wohnungstauschbörsen. Durch solche Formen des Teilens sparten sie zwar Ressourcen, aber beteiligten sich auch am kapitalistischen System. So verschieden die Lebensstile der Minimalisten waren, über die ich las, so unterschiedlich auch ihre Motivation: Bei einigen gab es einen konkreten Anlass wie Krankheiten oder den Verlust eines geliebten Menschen. Andere haben Medienberichte über menschenunwürdige Produktionsbedingungen oder die Verschwendung von Ressourcen zum Nachdenken gebracht.

Inzwischen weiß ich, dass sich immer mehr Menschen für einen minimalistischen Lebensstil entscheiden. Weinkisten als Regale, Co-Working-Spaces und das sogenannte Containern (Lebensmittelbeschaffung aus Supermarkt-Müllcontainern) sind inzwischen nichts Ungewöhnliches mehr, sondern absolut en vogue. Viele Minimalisten teilen nicht nur die Dinge, die sie zum Leben brauchen, sondern auch Erfahrungen – bei gemeinsamen Treffen und vorzugsweise auf Blogs. Dort gibt es auch Tipps, wie es gelingt, sein Leben zu vereinfachen: Mach einfach! Behalte von allem nur ein Erinnerungsstück! Nimm dir Zeit! Unternimm eine Reise vor die Haustür!

Als ich an jenem Vormittag vor dem Laptop saß, musste ich die Informationen erst einmal sacken lassen. Zur Ablenkung brachte ich meinen Extra-Koffer und den Umzugskarton zum Paketdienst, um sie meinen Eltern zu schicken. Mein Fahrrad stellte ich im Keller von Clara unter, bei der ich auch die letzte Nacht in Hamburg auf der Couch schlafen durfte.

Abends saßen wir bei einer Flasche Rotwein zusammen, und ich berichtete ihr von meinen Minimalismus-Recherchen. Von Heidemarie Schwermer, der Veteranin, manche sagen sogar: der Legende der Szene. Sie hat angeblich nur einen Koffer mit Klamotten, einen Computer und einen Rucksack mit Waschzeug besessen. Klingt nach wenig. Fast so wie bei mir. Ein Bankkonto und eine Wohnung hatte die pensionierte Lehrerin und Psychotherapeutin nicht. Zwanzig Jahre lebte sie als Minimalistin, und es heißt, sie sei mit über siebzig Jahren viel radikaler gewesen als die meisten jungen Leute.

Meine Freundin hörte sich alles interessiert an, dann nahm sie einen kräftigen Schluck Rotwein und sagte: »Du bist aber definitiv nicht so ein Freak!« Wir mussten lachen.

Nachdem wir uns wieder gefangen hatten, dachte ich: »Vielleicht ja doch.« Denn von diesem Tag an gehörte ich zu den wenigen, die keine eigene Wohnung mehr brauchten. Und die nicht nur als Experiment und lediglich temporär darauf verzichteten. Trotzdem gab es auch Unterschiede. Meine

Motivation fiel mir als Erstes ein: In meiner Kindheit bin ich weder mit Dingen überhäuft worden noch hatte ich zu wenig, so wie es bei Frau Schwermer zu Kriegszeiten der Fall war. Ich hatte mich auch nicht erst spät in meinem Leben dazu entschlossen, etwas zu ändern, weil ich einen Sinn suchte oder etwas anderes vorgefallen war. Ich wollte mit weniger Besitz leben. Das war einfach so passiert.

Als ich noch einmal genauer darüber nachdachte, fiel mir auf, dass ich schon früh die Möglichkeit gehabt und immer Wert darauf gelegt habe, die Welt zu sehen und mich von fremden Kulturen inspirieren zu lassen. »Ich finde es gut, dass du alles, was du auf deinen Reisen erlebst, mit anderen durch deine Erzählungen teilst«, sagte meine Freundin. Fast so als ob sie ahnte, über was ich nachgedacht hatte.

»Aber es gibt auch viele Situationen, in denen ich noch etwas besser machen kann«, entgegnete ich. Momente, in denen ich weiß, dass es besser wäre, auf etwas zu verzichten. Beispielsweise wenn ich ein Bad nehme, obwohl es in vielen Ländern zu wenig Wasser gibt.

»Das stimmt, aber diese Widersprüche machen dich menschlich.«

»Vermutlich ist niemand ganz perfekt«, sagte ich.

»Genau, und vor allem habe ich bei dir nie das Gefühl, dass du jemanden missionieren willst.«

Das freute mich sehr. Ich nahm den letzten Schluck Wein und lehnte mich beruhigt zurück in das weiche Polster der Couch. Es war schon wieder spät geworden, weswegen wir uns bald schlafen legten.

Für viele bin ich eine Minimalistin, überlegte ich, während ich mich auf dem Sofa ausstreckte, auch wenn ich mich selbst nicht als solche bezeichnet hätte.

Mit der Aussage, dass ich einen minimalistischen Lebensstil führte, konnte ich mich schon eher anfreunden. Das Problem, das ich mit diesen Begrifflichkeiten hatte und habe, ist, dass sie ein Schubladendenken fördern, von dem ich nicht viel halte. Manchmal ist eine solche Sichtweise aber auch notwendig, um die Dinge im Leben zu vereinfachen. Und genau das wollte ich ja auch.

Schließlich war es so weit: In Kürze würde ich im Flieger nach Lissabon sitzen. Clara versicherte mir bei unserer Verabschiedung noch einmal, dass ich mir keine Sorgen um mein Fahrrad machen brauchte, es sei in ihrem Keller gut aufgehoben. Von meinen Eltern bekam ich eine Nachricht aufs Handy: Der Extra-Koffer und der Umzugskarton mit den Erinnerungsstücken waren angekommen, sie verwahrten sie gern für mich auf und wünschten mir eine gute Reise. Am Ende schrieben sie: »Schade, dass du diesmal nicht bei uns vorbeigekommen bist. Kuss!«

~

Bei mir waren nur noch ein Koffer und eine Handgepäck-Reisetasche übrig: genau so viel, wie beim Fliegen zugelassen war. Ich betrachtete mein Gepäck, als ich auf dem Weg zum Flughafen in der U-Bahn saß, und dachte mir: »*Wow, that's it!* Mehr habe ich nun nicht mehr.« Mein Leben passte in einen Koffer und eine Reisetasche.

Es war anders als bei meinen bisherigen Reisen. Zwar hatte ich auch früher schon aus dem Koffer gelebt, aber ich wusste immer, dass ich nach Deutschland zurückkehren würde und dass dort ein paar Dinge auf mich warteten. Das war nun nicht mehr der Fall. Ich hatte so gut wie alles, was ich bis zu diesem Zeitpunkt besessen hatte, hinter mir gelassen. Das seltsame Gefühl, das ich schon beim Ausmisten verspürt hatte, wurde auf einmal viel realer. Statt Sorglosigkeit überkamen mich Ängste. Mein Herz fing an, schneller zu schlagen, ja regelrecht zu rasen.

Ich war so beschäftigt mit meinen Emotionen, dass ich nicht einmal merkte, dass ich schon am Flughafen angekommen und in der U-Bahn sitzen geblieben war. Ein Sicherheitsbeamter kam auf mich zu und fragte: »Alles in Ordnung mit Ihnen?«

Etwas irritiert schaute ich ihn an und brachte nur zaghaft ein Ja hervor.

»Sind das Ihre?«, fragte er und guckte auf meinen Koffer und meine Tasche.

»Ja!«, sagte ich plötzlich ganz energisch, krallte mich an den Henkeln fest, nahm mein Gepäck, stieg hastig aus der U-Bahn aus und machte mich auf zum Check-in-Schalter.

»Einen Koffer checken Sie ein? Der Rest ist Handgepäck?«, wollte der Angestellte der Fluggesellschaft dort von mir wissen. Was für eine gewöhnliche Frage für eine Vielfliegerin wie mich. Doch an diesem Tag war alles anders.

»Ja, das ist alles«, sagte ich. Es klang wie an der Käsetheke, fühlte sich jedoch völlig fremd an. So sorgfältig wie dieses Mal hatte ich den Gepäckaufkleber noch nie verwahrt. Denn wenn mein Gepäck nun verloren ginge, was hätte ich dann noch? Mein Fahrrad, den Karton und den Koffer bei meinen Eltern. Meine allerwichtigsten Dinge wären mir jedoch abhandengekommen. Bis auf den Ring meiner Oma, den trug ich an meiner linken Hand.

Schließlich saß ich im Flieger. Auf Sitz 13F. Mein bevorzugter Sitzplatz, weil dreizehn ganz unkonventionell eine meiner Glückszahlen und F meist ein Fensterplatz ist, für meinen Nachnamen steht und für Freiheit. Und während wir über das Rollfeld fuhren, realisierte ich auf einmal, *wie* ungebunden ich war.

Fragen schossen mir durch den Kopf: War der Verzicht auf fast all mein Hab und Gut doch zu schnell gegangen? War die Entscheidung zu radikal? Was hatte mich dazu veranlasst? War ich bereit für diese Reise ohne Halt? Ich hatte keine Antworten. Der Flieger hob ab. Und ich ließ los.

# Auf sich allein gestellt

Als ich aus dem Flieger über die Wolken schaute, erinnerte ich mich, wie ich das allererste Mal losgelassen hatte: vor etwa acht Jahren. Damals war ich am Tag nach dem Abiturball zu Hause ausgezogen und hatte meinen Geburtsort Frankfurt am Main verlassen, um in England zu leben. Meine Eltern brachten mich gemeinsam zum Flughafen. Beide hatten Tränen in den Augen. Es fiel ihnen schwer, mich gehen zu lassen.

»Bei uns hast du immer einen Anker, auch wenn du den Betonklotz jetzt mitnimmst«, sagte mein Vater, der ein Fan von Metaphern und Wortwitzen ist und bei diesem Satz auf meinen riesigen Koffer schaute. Meine Mutter runzelte die Stirn und sagte: »Jetzt mal Spaß beiseite, bei uns hast du wirklich immer Halt.«

Als Teenager war ich eine regelrechte Shoppingqueen gewesen. Weil ich auf einen Großteil meiner Lieblingsklamotten nicht verzichten konnte, hatte ich meinen Koffer möglichst vollgestopft. Er ließ sich nur noch schließen, indem ich mich daraufsetzte, das Material gewaltsam zusammendrückte und langsam den Reißverschluss Zentimeter für Zentimeter bewegte. Das war für meine Eltern schwer mit anzusehen gewesen. Nicht weil ich den Koffer so strapazierte, sondern weil sie wussten, dass der Moment, in welchem sie mich zum Flughafen bringen und loslassen mussten, immer näher rückte. Ihnen war das damals viel bewusster als mir. Ich machte mir bloß Sorgen, ob ich für Übergepäck bezahlen musste oder nicht.

»Mit den Behörden in England können wir dir leider nicht helfen«, sagte mein Vater, der sich als Beamter in Deutschland gut mit derartigen Dingen auskannte.

»Tut uns wirklich leid«, fügte meine Mutter hinzu.

Doch das brauchte es nicht. Es war schließlich meine Entscheidung gewesen, nach Bristol zu ziehen und in einer Einrichtung für geistig und körperlich behinderte Kinder zu arbeiten.

Darauf gestoßen war ich durch Arjun, der seit knapp einem Jahr dort war und seinen Zivildienst absolvierte. Nachdem ich ihn öfter in der Küstenstadt an der Grenze zu Wales besucht hatte und mich nicht entscheiden konnte, was ich studieren sollte, folgte ich ihm nun nach Bristol. Auch um meine Englischkenntnisse zu verbessern, die nach meinem Abitur immer noch miserabel waren.

In Frankfurt war ich auf ein altsprachliches Gymnasium gegangen, wo in der fünften Klasse Latein die erste Fremdsprache gewesen war. Englisch kam im Anschluss. Leider wurden meine Lehrerinnen regelmäßig krank, sodass ich Englisch nur rudimentär lernte.

Um das zu ändern, machte ich während meiner Schulzeit zweimal eine dreiwöchige Sprachreise nach Eastbourne. Trotz Extraunterricht verbesserten sich meine Englischkenntnisse nur unwesentlich. Dafür sammelte ich andere Erfahrungen: ohne meine Eltern zu reisen, bei einer fremden Familie zu wohnen, eine andere Kultur kennenzulernen. Es trug sehr zu meiner Eigenständigkeit bei, und ich hatte eine großartige Zeit.

Nun zog es mich wieder auf die andere Seite des Ärmelkanals, allerdings war ich dieses Mal vollkommen auf mich allein gestellt. Ich musste mich selbst um meinen Haushalt und Unterhalt kümmern. Dafür hatte ich zum ersten Mal in meinem Leben eine Festanstellung angenommen.

Arjun hatte mir ein bisschen von der anthroposophischen Einrichtung erzählt, um mich auf die Arbeit vorzubereiten. Ich wusste, dass in dem Haus, in dem ich arbeiten würde, acht Kinder wohnten und es das neueste von den insgesamt sieben Gebäuden war. Trotzdem war ich gespannt, was mich erwarten würde.

»Herzlich willkommen – wie schön, dass du hier bist!«, begrüßte mich meine Chefin Miss Rose, wobei sie natürlich Englisch sprach. Sie war eine kleine Frau mit kurzen braunen Haaren.

Ich lächelte und begrüßte sie ebenfalls. Dann erklärte sie mir, dass es pro Kind zwei *Careworker* gebe, die sich mit der Betreuung abwechselten. Ich war für Lara zuständig und übernahm die sogenannte B-Schicht. Das hieß, dass ich Sonntag und Montag frei hatte, Freitag und Samstag den ganzen Tag und ansonsten halbtags arbeiten musste.

»Ziemlich fest eingebunden«, dachte ich.

»Aber keine Sorge, zunächst wirst du deine Vorgängerin begleiten«, beruhigte mich Miss Rose. Nur eins würde ich bei der Arbeit mit Lara sehr benötigen: Geduld.

»Das kann ja was werden!«, dachte ich. Geduld gehörte nämlich noch nie zu meinen Stärken.

Meine Chefin führte mich ins Wohnzimmer. Dort standen zwei Rollstühle. In dem einen saß ein kleines blondes Mädchen, das eine Brille trug und ganz in Pink gekleidet war. In dem anderen saß ein braunhaariger Junge, ebenfalls mit Brille. Ein weiteres Kind wippte auf dem Sofa auf und ab. Daneben saß noch ein Mädchen im Schneidersitz. Es trug eine dunkelblaue Jeans und ein violettes T-Shirt.

»Das ist Lara!«, sagte Miss Rose und führte mich zu ihr. Um sie würde ich mich nun ein Jahr kümmern. Wie stark mich das prägen sollte, war mir damals noch nicht bewusst. Lara würde mich zum ersten Mal dazu bringen, von meinen Gewohnheiten abzurücken.

»Hi Lara!«, sagte ich.

»Sie spricht nicht«, antwortete Abbey, die bislang in der B-Schicht mit Lara gearbeitet hatte. Ich überlegte, ob Lara nicht reden konnte oder nicht reden wollte, traute mich aber nicht nachzufragen. Unterdessen erklärte mir Abbey, dass Lara Epileptikerin war. Wie ich damit umgehen sollte, wusste ich nicht.

Wieder versuchte Miss Rose, mir meine Unsicherheit zu nehmen, und sagte, dass ich mir keine Sorgen zu machen brauchte, weil sie mir alles erklären werde. »*No worries*«, beruhigte sie mich.

Ich setzte mich neben Lara auf einen Sessel. Ihre dunkelblonden mittellangen Haare waren zu einem Pferdeschwanz zusammengebunden. Nur der Pony fiel ihr locker ins Gesicht.

Immer wieder nahm sie mit ihren langen, dünnen Fingern akribisch einen Fussel hoch und legte ihn vor sich auf die andere Seite. Mal von rechts nach links, mal von links nach rechts. Ihr Mund war leicht geöffnet, und heraus kam ununterbrochen ein eintöniges Geräusch, das wie ein lang gezogenes Ä klang.

»Hast du noch Fragen?«, wollte Abbey wissen. Und noch bevor ich antworten konnte, gab sie mir Laras Akte und sagte: »Da steht alles drin.«

Irritiert von ihrer Schroffheit brachte ich nur ein »Okay, danke« hervor.

Ich begann zu lesen: Infolge einer Impfung im Alter von sechs Jahren war das Gehirn von Lara stark beschädigt worden. Seitdem hatte sie immer wieder epileptische Anfälle gehabt und galt als Autistin. Sie war siebzehn, nur zwei Jahre jünger als ich, wirkte durch ihren mageren Körper aber deutlich jünger.

»Essen?!«, sagte Abbey auf einmal zu Lara, die nicht von ihrer Beschäftigung aufschaute. Abbey wandte sich an mich: »Möchtest du es mal probieren?«

Ich versuchte mein Glück. »Möchtest du etwas essen?«, fragte ich Lara sehr langsam, wobei ich jedes Wort einzeln betonte. Etwa in demselben zeitlupenartigen Tempo, in dem Lara den Fussel bewegte. Auf einmal schaute sie mich mit ihren braunen Augen an. Das überraschte meine Vorgängerin Abbey. Sie erklärte mir, dass Lara das bei Fremden sonst nicht tat.

»Sie scheint dich zu mögen!«, sagte sie, und ich freute mich darüber und lächelte.

Motiviert, aber nach wie vor etwas verunsichert, folgte ich Abbeys Anweisungen und nahm Laras Hand. Sie stampfte mit den Füßen so fest auf den Holzfußboden, dass es laut knallte. Das war ihr Ausdruck der Freude, erklärte mir Abbey. Währenddessen hielt ich immer noch ihre Hand. Abbey hatte mir erklärt, dass Lara unsicher sei und etwas Unterstützung brauche. »Genau wie ich«, dachte ich, »nur auf eine andere Art und Weise.«

Vielleicht vollführte sie deshalb auch alle Bewegungen in Zeitlupe: Fusselaufheben, Laufen mit gebeugten Knien, am Tisch Platznehmen, zu dem wir inzwischen geschritten waren. Und auch das Essen selbst. Abbey hatte ihr einen Löffel in die Hand gedrückt, den sie im Schneckentempo zum Teller und anschließend zu ihrem Mund führte. Sie ließ sich nicht aus der Ruhe bringen – ganz im Gegensatz zu mir. Ich wurde nervös und hektisch, weil ich mich nicht nur unsicher, sondern auch unwohl fühlte.

Ich saß neben Lara und konnte nicht essen. Zu viele ungewohnte Eindrücke. Ein kleiner Junge flippte permanent an einem grünen Plastikstrohhalm herum, ein anderer klopfte pausenlos mit seinem Löffel auf den Holztisch, und ein Mädchen sagte beharrlich »Hallo« zu mir.

Innerlich zerrissen mich die vielen Geräusche. Ich begann daran zu zweifeln, ob es eine gute Idee gewesen war, mich in ein so ungewohntes Umfeld zu begeben. Ein Gedanke bei der Entscheidung, mit Kindern zu arbeiten, war gewesen, dass ich einmal selbst Kinder haben und mich testen wollte, ob ich auch mit Extremsituationen umgehen könnte. In diesem Augenblick war meine Antwort: »Auf keinen Fall.«

Als mich Arjun nach Feierabend in meinem Zimmer besuchte und ich ihm von meinem Tag erzählte, versuchte er, mich zu beruhigen: »So geht es doch anfangs allen hier.«

Das ungewohnte Gefühl blieb erst einmal. Nicht nur bei der Arbeit, sondern auch in meinem neuen Zuhause, das nur fünf Gehminuten entfernt und auf dem Gelände der Einrichtung lag. Dort wohnten außer mir noch fünfzehn andere Betreuer und Betreuerinnen. Sie waren entweder festangestellt oder absolvierten ihren Zivildienst wie Arjun, der in einem anderen Betreuerhaus wohnte, oder sie machten ein freiwilliges soziales Jahr. Das hatte ich für mich auch überlegt, es wäre finanziell aber noch schwieriger geworden. Denn ich musste selbst für mich sorgen. Meine Eltern hatten mir lediglich zweihundert britische Pfund für den Einstieg in England mitgegeben.

Wir hatten verabredet, dass ich mich abends bei ihnen melden würde. Aber mein Handy funktionierte nicht. Also brauchte ich eine neue SIM-Karte oder einen Vertrag. Letzteres war teurer, und ich würde mich längere Zeit an England binden. Ob ich das tatsächlich wollte, wusste ich nach meinem ersten Arbeitstag jedoch noch nicht. Das Gespräch mit meinen Eltern dauerte bloß fünf Minuten, weil ich nur wenige Münzen für das Telefon hatte, das im Hausflur hing. Ich erzählte ihnen, dass ich gut angekommen war und alles gut sei.

~

Später ging ich in die Küche, um mich mit meinem neuen Heim vertraut zu machen. Dort thronte über der Spüle ein Schild mit der Aufschrift: »Mach deine Sachen selbst sauber! Ich bin nicht deine Mutter!«

In der Küche herrschte Chaos. Es gab zwei Waschbecken, in denen sich das schmutzige Geschirr stapelte. Daneben standen zwei Kühlschränke für alle frischen Lebensmittel. Die Hausbewohner sollten diese mit ihren eigenen Namen versehen. Genau wie die Holzkisten, in denen alle weiteren Speisen aufbewahrt wurden. In der Ecke auf der anderen Seite standen angeranzte Sessel und ein altes Sofa, darüber hingen Plakate und Banner mit den Aufschriften: »*Say NO to Bush!*«, »*Save the planet*«, »*Stop capitalism!*«

Die Botschaften waren nicht schwer zu verstehen für mich. Anders als die politischen Debatten, die hier bis spät in die Nacht auf Englisch geführt wurden. Ich konnte ihnen nicht immer folgen. Manchmal, weil die Positionen zu abwegig waren, manchmal aufgrund des Vokabulars. Nichtsdestotrotz empfand ich es als Bereicherung, dass in meinem neuen Zuhause so viele Menschen von verschiedenen Orten der Welt zusammenkamen. Ähnlich wie in Frankfurt, wo ich aufgewachsen war. Meine neuen Mitbewohner in meiner Riesen-WG in Bristol kamen aus England, Deutschland, Schweden, Dänemark, Spanien und den USA. Es gab nicht nur politische Vielfalt, sondern auch eine kulinarische. Eine 35-jährige Spanierin liebte es, zu kochen und alle anderen dafür zu begeistern. So hatte ich im Handumdrehen eine *Tortilla*, spanisches Omelett, auf dem Teller und kurz darauf gelernt, wie man sie aus Eiern, Kartoffeln und Zwiebeln zubereitet.

Auf der Toilette erwarteten mich dänische Witzebücher. Ich verstand zwar nicht alles, weil das Dänische dem Deutschen und Englischen eben doch nur wenig ähnelt. Aber immerhin ein bisschen, sodass ich auf dem sonst unansehnlichen Klo meinen Spaß hatte.

Den hatten wir auch mit einem Neuankömmling aus Japan. Sein Name war Take, mit Betonung auf dem E. Er hatte aus seiner Heimat viel eigenes Essen mitgebracht, das er in einer Holzkiste verstaute. Auf die Kiste hatte er seinen Namen geschrieben, trotzdem war sie am nächsten Tag leer – was Take schockierte.

Die Leute in der Küche brauchten einen Moment, um zu realisieren, was passiert war. Dann lachten sie. Und als sie Take die Situation erklärten, sich bei ihm entschuldigten und die Sachen zurückgaben, fing auch er an zu lachen. Viele Bewohner hatten die vier Buchstaben seines Namens TAKE als englische Aufforderung verstanden und sich deswegen aus der Kiste bedient.

Ich hatte nichts zu essen mitgebracht, weil ich fast den kompletten Platz in meinem Koffer für meine Klamotten gebraucht hatte. Also ging ich zum nächsten Supermarkt und fand schnell, was ich suchte. Ich kannte mich durch meine Besuche bei Arjun ja schon etwas in Bristol aus. Auch meine vorherigen Englandreisen waren von Vorteil, weil ich wusste, dass ich einen Adapter für meinen Fön, mein Handy- und Laptopkabel brauchte, weswegen ich ihn gleich mitgebracht hatte, statt mir einen neuen in England kaufen zu müssen.

Wieder zurück im Haus nahm ich eine Kiste, versah sie mit meinem Namen und verstaute meine Lebensmittel in der Küche. Zurück in meinem zehn Quadratmeter großen Zimmer wollte ich einige Fotos aufhängen, stellte jedoch fest, dass dies laut den Hausregeln nur mit *Blu-Tack* erlaubt war. Davon hatte ich noch nie gehört, und ich bat Arjun, mir welches mitzubringen. Es war eine blaue wiederverwertbare Klebmasse, die aussah wie blaues Kaugummi und mit der wir gemeinsam die Fotos in meinem Zimmer anbrachten. Umgeben von meinen Lieben fühlte ich mich wohl.

~

An meinem ersten regulären Arbeitstag klingelte der Wecker um sieben Uhr morgens. Ich zog mich schnell an, verzichtete auf das Frühstück. Das würde ich später essen, gemeinsam mit den Kindern und den anderen Betreuern. Als ich im Haus ankam, war Lara schon wach. Sie saß im zweiten Stockwerk auf dem Boden und ging ihrer Lieblingsbeschäftigung nach:

in Zeitlupe Dinge von links nach rechts oder von rechts nach links zu schieben – Krümel, Fussel und Bücher. Da sie beschäftigt war, konnte ich sie nur schwer zum Aufstehen bewegen. Also kniete und hockte ich mich im Wechsel vor sie, versuchte, Augenkontakt mit ihr aufzunehmen und sagte vorsichtig: »Lara, möchtest du aufstehen?«

Leider wollte sie das nicht. Nach einer Weile kamen mir andere Betreuer zu Hilfe.

Dann schlurften wir zusammen die Treppen hinunter, zum Bad ein Stockwerk tiefer. Dort erwartete mich die nächste Herausforderung, denn sie wollte partout nicht in das Badezimmer und lief direkt weiter zum *Morning Circle*, wo alle Hausbewohner Hand in Hand im Kreis standen und den Tag begrüßten. Eigentlich war es ein Moment, um zur Ruhe zu kommen. Doch das wollte mir nicht gelingen. Ganz im Gegenteil: Ich schämte mich, weil wir die Morgentoilette übersprungen hatten und Lara immer noch eine volle Windel trug. Aufgrund des Gestanks wichen die anderen Kinder im Morgenkreis vor ihr zurück und flüchteten zum Frühstückstisch. Ich musste Lara mithilfe von Miss Rose zur Toilette bringen, und erst dann aß sie ganz entspannt ihren *Porridge*.

Dabei streckte sie mir immer wieder ihren mit Brei beladenen Löffel ins Gesicht, sodass ein Teil der Hafermasse an meiner Wange kleben blieb. Der kleine Junge neben mir schenkte sich Orangensaft in seinen Plastikbecher, bis er überlief, und das Mädchen, das mir gegenübersaß, ließ ihren Marmeladentoast nur so lange im Mund, bis er komplett aufgeweicht war – dann spuckte sie ihn aus.

Nach dem Essen mussten die Kinder zur Schule. Dass sie sich Schuhe und Jacke anziehen lassen sollten, war für die meisten von ihnen eine Kampfansage. Für Lara überaschenderweise nicht. Dafür war sie umso bockiger, wenn es ums Laufen ging. Ich war wieder die Letzte, da stellte mir die Chefin einen Rollstuhl zur Seite und sagte: »Probier es mal damit!«

Zu spät waren wir so oder so, obwohl die Schule nur zehn Gehminuten entfernt auf dem Campus der Einrichtung lag. Lara und ich brauchten das Doppelte der normalen Zeit.

Als ich sie endlich in der Schule abgeliefert hatte, war ich erleichtert. Ich hatte niemals gedacht, dass mir die Arbeit so schwerfallen und ich so schnell an meine Grenzen stoßen würde. Meine Augen waren feucht, und ich hielt meine Tränen zurück. Am liebsten wäre ich weggelaufen. Zu Arjun. Oder weiter weg. Zu meinen Eltern nach Deutschland. Irgendwohin, wo ich mich wohlfühlte. Aber ich hatte einen Vertrag unterschrieben, und ganz so schnell wollte und konnte ich nicht aufgeben. Also riss ich mich zusammen und ging zurück zum Haus.

Dort wartete eine große Frau auf mich. »Ich bin Kate und arbeite mit Lara in der A-Schicht«, sagte sie.

Kate war extra früher gekommen, um mit mir über Lara zu sprechen. Sie arbeitete schon mehrere Jahre mit ihr und kannte sie sehr gut. Sie wusste auch den Grund, warum sie morgens so ungern ins Badezimmer ging: Nachts und morgens war die Wahrscheinlichkeit hoch, dass Lara einen epileptischen Anfall bekam. Ihre Verweigerung war für sie also eine Art Sicherheitsmaßnahme. Wenn sie im Bad auf die Kacheln fiel, tat sie sich mehr weh, als wenn sie auf das gepolsterte Sofa oder den Teppichboden kippte, erklärte mir Kate. »Absolut verständlich«, dachte ich.

»Lara ist sehr klug«, sagte Kate. Sie könne mehr, als viele Leute vermuteten. Aber weil sie nonverbal kommuniziere und die meisten Menschen sich nicht die Mühe machten, sie zu verstehen, werde sie häufig missverstanden. Endlich wagte ich auch die Frage zu stellen, die mir schon lange auf den Lippen lag: »Kann sie denn sprechen?«

»Ja, aber ich glaube, sie will nicht!«, lautete Kates Antwort.

Das gab mir zu denken. Mit meiner gewohnten Handlungsweise kam ich hier nicht weiter. Deswegen begann ich, dazu im Internet zu recherchieren und stieß auf Bas Verplanken, der seit zwanzig Jahren an der Universität von Bath südwestlich von Bristol forschte.

Seinen Erkenntnissen zufolge werden zwischen dreißig und fünfzig Prozent unseres täglichen Handelns von unseren Gewohnheiten bestimmt. Der Professor für Sozialpsychologie definiert daher Gewohnheiten wie folgt: Es sind Verhaltensweisen, die in einem beständigen Kontext regelmäßig ausgeübt, aber nicht mehr reflektiert werden. Die Gewohnheiten basieren meist auf Entscheidungen, die wir lange zuvor bewusst getroffen haben. Wie etwa beim Laufen oder Zähneputzen.

Da wir über diese grundlegenden Verhaltensweisen nicht weiter nachdenken müssen, erleichtern uns die Gewohnheiten den Alltag und bilden ein Gerüst, das uns Sicherheit und Stabilität gibt. Für einige Menschen ist das so wichtig, dass sie auf eine feste Routine angewiesen sind. Zum Beispiel Autisten. Ohne Gewohnheiten wäre unser Gehirn überfordert. Doch sie haben auch eine Kehrseite, denn das Gehirn wird von den Wiederholungen des Alltags nicht sonderlich beansprucht. Wir hören auf, uns zu fragen, ob es nicht eine andere als die gewohnte Option gäbe, werden unflexibel und steif.

Die Macht der Gewohnheit ist noch stärker, wenn auch das Umfeld mitspielt. Sei es im sozialen Kontext, weil unsere Mitmenschen an unsere Entspanntheit appellieren und uns loben, wenn wir uns nicht zu viele Gedanken machen. Oder aber ganz praktisch: Weil es nur einen Abfalleimer gibt und wir gar nicht erst auf die Idee kommen, unseren Müll zu trennen.

Die Frage ist natürlich: Wann und wie können Gewohnheiten aufgebrochen werden?

Laut Verplanken geschieht dies in den sogenannten *teachable moments*, in Situationen, in denen sich der Kontext ändert: Krankheit, Scheidung, neuer Job, Orts- oder Bezugsgruppenwechsel. »Man muss sich neu orientieren, das eigene Verhalten überdenken und sucht nach Informationen«, schreibt der Wissenschaftler. Beim Lesen im Internet erinnerte mich dieser Punkt an die Minimalisten, die nach einem einschneidenden Erlebnis beschlossen hatten, ihr Leben zu ändern.

Alte Gewohnheiten können abgelegt werden, indem man sie durch neue überlagert. Dafür müssen wir uns sehr achtsam und bewusst mit allem auseinandersetzen, was wir tun. Wir müssen über jede Handlung nachdenken, damit wir nicht in die alten Gewohnheiten zurückfallen, sondern neue Strukturen ausbilden. Wissenschaftler haben herausgefunden, dass für diesen Vorgang die sogenannten Basalganglien verantwortlich sind. Es ist das Areal in unserem Gehirn, wo die Gewohnheiten abgespeichert werden und das verantwortlich dafür ist, dass wir bei vielen Handlungen nicht mehr überlegen müssen, wie wir diese ausführen. Das Problem bei den Basalganglien ist allerdings, dass es schwer ist, diese mithilfe des bewussten Willens zu verändern. Schwer, aber nicht unmöglich.

Zunächst müssen wir verstehen, was in unserem Gehirn genau passiert. Es ist ein Wechselspiel aus Auslösereizen und Belohnungen, aus dem unser Gehirn die Gewohnheiten erlernt. Für jede Gewohnheit gibt es einen Auslösereiz, der uns in der Regel nicht bewusst ist. Ebenso wenig wie eine an diesen Reiz gekoppelte Belohnung. Um unser Gehirn umzustrukturieren, müssen wir uns für beide Impulse Alternativen überlegen und diese streng einüben. Wir müssen uns fragen: Was passiert unmittelbar bevor wir entsprechend einer Gewohnheit handeln, und in welchen Situationen folgen wir solchen Impulsen?

Wenn man zum Beispiel oft etwas kauft, das man nicht braucht, könnte der Auslösereiz Langeweile sein – zum Beispiel beim Warten an der Supermarktkasse. Wir müssen die Belohnung erkennen, die wir uns in bestimmten Situationen erlauben – etwa den Kauf von Süßigkeiten, die an der Supermarktkasse liegen.

Um die Gewohnheit zu durchbrechen, müssen wir uns überlegen, wie wir in solchen Auslösemomenten eine andere Belohnung für uns finden können. Wie können wir unser Verlangen anders stillen? Wie gehen andere Menschen mit der Situation um? Gibt es vielleicht Alternativen, um das spezielle Bedürfnis zu befriedigen? Eine Alternative an der Supermarktkasse wäre zum Beispiel, dass wir Musik hören oder Freunde anrufen.

Durch diese Art von Gehirntraining und Umgewöhnung können wir zu einem anderen Konsumverhalten kommen und Minimalismus verinnerlichen. Es ist aber ein anstrengender Prozess, der nervös macht und Stress verursacht, weswegen viele ihn ablehnen. Verhaltensforscher sind sich allerdings einig, dass die Mühe sich lohnt. Denn wir sind viel wacher, engagierter und kreativer, wenn wir bereit sind, umzudenken und Neues zu erlernen.

Und genau das wollte auch ich bei meiner Arbeit mit Lara. Also versuchte ich, zukünftig alles, was wir zusammen erlebten, ganz bewusst wahrzunehmen.

~

Am nächsten Tag stand eine Fahrt mit einem Minibus auf dem Programm. Laut ihrer Akte handelte es sich hierbei um eine von Laras Lieblingsaktivitäten. Doch das war auch ohne Dokument ziemlich offensichtlich. Als sie den grünen Bus auf dem Parkplatz erblickte, begann sie immer schneller mit den Füßen zu stampfen. So wie sie es schon einmal getan hatte. Ihr Zeichen der Freude.

Da nicht alle Kinder in unserem Haus physisch in der Lage waren, an einem solchen Ausflug teilzunehmen, begleiteten uns Kinder aus anderen Häusern. Wie Arjun und der Junge, den er betreute: Tom. Er war zwar zehn Jahre jünger als Lara, aber er konnte fast alles eigenständig machen und war sehr begabt – wie überhaupt viele der Kinder in Arjuns Haus.

Ein Junge konnte weltberühmte Philosophen zitieren, ein anderer grandios Klavier spielen und wieder ein anderer überdurchschnittlich schnell Rätsel lösen. Anders als Lara war Tom hyperaktiv und stieg blitzschnell in den Bus ein.

Wir fuhren an den Downs vorbei, einer pittoresken und weitläufigen Grünanlage direkt gegenüber der Einrichtung. Dann zur Schlucht des Flusses Avon, die wir über die Suspension Bridge überquerten. Die Kettenbrücke aus dem 19. Jahrhundert ist das Wahrzeichen der Stadt Bristol. Von hier aus steuerten wir den nächstgelegenen, rund dreißig Kilometer entfernten Ort am Meer an: Weston-super-Mare. Er liegt am Bristolkanal, der Bucht zwischen dem englischen Cornwall und Wales. Dort angekommen stürmten alle Kinder aus dem Bus. Bis auf Lara, die lieber im Bus sitzen bleiben wollte.

Ein anderer Betreuer schien dieses Verhalten schon zu kennen und lockte sie aus dem Bus. Direkt nachdem er wieder weg war, ließ Lara sich aber auf den Boden plumpsen.

»Zum Glück ist hier kein Verkehr«, war mein erster Gedanke. Und mein zweiter: »Nicht schon wieder.« Aber ich hatte mir vorgenommen, umzudenken und achtsam zu sein. Also überlegte ich, ob es nicht einen Grund dafür gab, dass Lara sich hinsetzte.

»Vielleicht hat sie Durst?«, dachte ich, holte eine Flasche aus dem Rucksack und schenkte ihr einen Schluck Wasser in einen Becher. Sie reagierte nicht. Mir fiel auf, dass sie immer wieder an ihren Kopf griff, und ich fragte mich, ob sie ihre Wollmütze loswerden wollte. Ich half ihr beim Abziehen, und tatsächlich, sie stand von allein auf, stampfte mit ihren Füßen fest auf den Boden und lief los. Ich beeilte mich, um alles im Rucksack zu verstauen. Als wir zu den anderen kamen, setzte sich Lara in den Sand und beförderte Sandkorn für Sandkorn von links nach rechts und umgekehrt.

Lara hatte ihre Eigenarten, keine Frage. Aber das war im Grunde ja nichts Schlechtes. Bei der Vielzahl an Worten, die wir Tag für Tag produzieren, war ihr Schweigen fast nachvollziehbar. Außerdem hatte mir das Erlebnis mit der Mütze gezeigt, dass sie auch anders kommunizieren kann. Je mehr ich mich auf Lara einließ, desto besser konnte ich sie verstehen. Plötzlich kam eine andere Betreuerin auf mich zu und erklärte, dass nun sie auf Lara und zwei andere Kinder aufpassen werde.

»Sicher?«, fragte ich verunsichert.

»Ja, klar, ich habe früher schon mit Lara gearbeitet.«

Das beruhigte mich, da sie Laras Bedürfnisse dann ja gut kennen würde. Außerdem hatte ich Lust, die Umgebung auf eigene Faust zu erkunden, schließlich war meine Neugierde auf fremde Orte einer der Gründe für meinen Aufenthalt in England gewesen. Ich schaute mich um und sah einige Kinder, die Steine sammelten. Tom, der auf den Felsen herumkletterte, und Arjun, der ihm hinterhereilte.

Dann blickte ich auf das Meer und verlor mich darin. Die Bewegung der Wellen in Kombination mit dem Rauschen des Wassers hatte schon immer beruhigend auf mich gewirkt. Gleichzeitig gab mir die Unendlichkeit des Meeres am Horizont ein Gefühl der Freiheit.

Die Ruhe wurde plötzlich unterbrochen, als Arjun auf mich zurannte und schrie, ich solle schnell zu Lara kommen, sie hätte einen epileptischen Anfall. Ich sprang sofort auf und sauste los. Lara lag am Boden und zitterte am ganzen Körper. Sabber gemischt mit Blut lief aus ihrem Mund, und sie hatte einen starren Blick, als würde sie durch uns alle hindurchschauen. »Kann ich helfen?«, fragte ich. Aber ich bekam keine Antwort.

Plötzlich verdrehte Lara die Augen und knickte schnell und krampfhaft ihren Kopf zur Seite. Es sah unecht aus. Eher wie in einem Horrorfilm. Erneut liefen ihr Blut und Speichel aus dem Mund. Die Betreuerin, die bei Lara war, sagte immer wieder zu ihr: »Liebling, ich bin hier, alles wird gut.«

Ich war aufgeregt und überfordert mit dem, was vor sich ging. Ich hatte Angst um Lara. Eine andere Betreuerin erklärte mir, dass Lara sich bei einem epileptischen Anfall oft auf die Zunge biss und deswegen Blut aus ihrem Mund kam. Ich hatte ein schlechtes Gewissen, weil ich in den vergangenen zwei Wochen eigentlich versucht hatte, mich gedanklich auf diese Situation einzustellen. Ich hatte Lara bei einem Anfall beistehen, ihr helfen, sie beruhigen wollen. Nun war es so unerwartet geschehen, dass ich nicht für sie hatte da sein können.

Als sie wieder zu Bewusstsein kam, durfte ich mich zu ihr setzen. Ich streichelte ihren Arm. Doch sie stieß mich weg. So als ob sie sagen wollte: »Du warst eben nicht da, also sollst du auch jetzt weggehen.« Ich war traurig. Meine Kollegin merkte das und versuchte, mich zu beruhigen: »Nimm es nicht so schwer!« Sie bat mich sogar um Entschuldigung, weil sie auf mein Hilfsangebot nicht reagiert hatte. Das habe nichts mit mir zu tun gehabt, sondern damit, dass Lara bei einem epileptischen Anfall ihre volle Aufmerksamkeit brauche. Außerdem sei es wichtig, die Ruhe zu bewahren und Lara niemals festzuhalten, weil die Krämpfe gelegentlich eine so starke Wucht hätten, dass man sich selbst dabei verletzen konnte. Auch wenn Laras Muskeln so stark krampften, dass sie sich auf die Zunge biss, könne ich nichts dagegen tun, ihr auch zum Beispiel nicht in den Mund fassen. Sie könne mir sonst einen Finger abbeißen. Ebenso wenig lasse sich verhindern, dass sie einfach hinfiel. Damit sie sich nicht verletze, müsse Lara in einem sicheren Umfeld sein, sobald sie spüre, dass sie einen Anfall bekomme. Weswegen sie ja morgens auch manchmal nicht das Badezimmer betrat.

Leider war es heute anders gekommen. Lara war gestürzt und mit ihrem Kopf auf einen kleinen Stein am Boden geschlagen. Sie trug eine etwa zwei Zentimeter lange Platzwunde davon, die ich erst entdeckte, als wir sie aus der stabilen Seitenlage – die beste Position bei einem Anfall, wie ich inzwischen gelernt hatte – aufrichteten und zurück zum Bus trugen. Sie schlummerte während der Heimfahrt und sah dabei so friedlich aus.

~

Am nächsten Morgen, als ich bei der Arbeit ankam, schlief Lara noch. Das war auch besser so, denn Epileptiker müssen sich nach einem Anfall erst einmal ausgiebig erholen. Also ging ich zur Küche der Einrichtung, um die Zutaten für Laras Essen zu holen. Sie hielt eine spezielle Diät, weswegen Kate und ich jeden Tag abwechselnd für sie kochten. Was sie essen durfte, ist leichter aufzuzählen als das, was sie nicht aß. Naturreis, Soja- oder Reismilch, Haferflocken und Gemüse, das im Schatten wuchs, waren erlaubt. Für Letzteres bekam ich zum Glück eine Liste, denn botanisch war ich nicht sonderlich bewandert: Kohl, Karotten, Zwiebeln stand darauf. Untersagt war alles, was viel Sonne brauchte, wie Auberginen oder Tomaten. Ich merkte mir die erlaubten Zutaten schnell, trug sie zu unserem Haus und schnippelte dort alles klein. In der Küche briet ich das Gemüse in Sojasoße an und setzte parallel dazu dunklen Reis auf. Was mittags übrig blieb, konnte Lara zum Abendessen zu sich nehmen.

Die anderen Kinder bekamen typisch englisches Essen, das ich schon von meinen Gastfamilien kannte: Röstkartoffeln, Braten mit Soße. Das Lunchpaket bestand aus weichem Toastbrot mit Ei, Käse und Essigchips. Zum Frühstück gab es Cornflakes und am Wochenende Baked Beans. Lara aß jeden Tag ungefähr das Gleiche. Trotzdem verzehrte sie es mit großem Genuss. Es schien, als ob sie nichts vermisste. Ich fragte mich immer wieder, wie sie zu dieser Diät gekommen war.

Nach dem Mittagessen kam Besuch für Lara, der mir in dieser Frage weiterhelfen konnte. Ein großer Mann, der mit seinem langen Bart und den langen braunen Haaren, die er zu einem Pferdeschwanz gebunden hatte, aussah wie ein Druide. Es war Laras Vater. Er nahm seine Tochter fest in den Arm, gab ihr sanft einen Kuss auf die Stirn und sprach behutsam mit ihr. Er fragte, wie es ihr gehe und was sie gemacht habe. Lara strahlte. Ging dann aber schnell wieder ihrer Lieblingsbeschäftigung nach, dem Hin-und-Her-Bewegen der Dinge, die vor ihr lagen.

Ihr Vater wandte sich mir zu und sagte: »Du bist also die neue Betreuerin!«

Ich fühlte mich ertappt, obwohl ich nichts angestellt hatte. Aber ich war nach wie vor unsicher, vor allem gegenüber einem fremden Mann wie Laras Vater. Der spürte, dass er mich in Verlegenheit gebracht hatte, und sagte: »*No worries*, ich bin Anthony, Laras Vater, und beiße nicht.«

Anthony erzählte mir, dass er gehört habe, dass ich mich für Lara interessiere. »Ja«, antwortete ich verlegen, »aber ist das denn nicht normal?«

Das war genau der richtige Gesprächseinstieg für Laras Vater. Normal gebe es nicht. Das würden nur viele denken, die noch nie ihre Komfortzone verlassen hatten. Er selbst sei früher nicht anders gewesen. Denn bis Lara die Impfung erhalten hatte, die sie zu der Person gemacht hatte, die sie heute war, hatte auch Anthony gedacht, dass sein Leben normal verlaufe, wie bei allen anderen Menschen. Dem war nicht so. Ganz im Gegenteil. Er erzählte mir, dass die Veränderung von Lara eine so große Herausforderung darstellte, dass seine Ehe daran zerbrochen war. Laras Mutter hatte lange Zeit gebraucht, um zu lernen, mit Lara umzugehen. »Aber das ist schon okay«, sagte Anthony verständnisvoll, »jeder hat sein eigenes Tempo.«

Er erzählte von den furchtbaren Krankenhausaufenthalten von Lara und wie verzweifelt er gewesen war, dass er ihr nicht helfen konnte. Sofort dachte ich an meine Hilflosigkeit bei dem Ausflug und an meine Eltern, die sich hilflos gefühlt hatten, als ich nach Bristol gezogen war.

Dann berichtete Anthony von einem Tag, an dem es Lara besonders schlimm ergangen war: »Sie sah aus wie ein Zombie.« Da ihr niemand weiterhelfen konnte, entschied sich Anthony, sein Leben umzukrempeln und Lara zu widmen. Er begann, sich mit alternativen Heilmethoden zu befassen, bei denen die Ernährung oft eine zentrale Rolle spielt. Er entwickelte allmählich Laras Diät. Indem er dazulernte und weiter ausprobierte.

Das Ergebnis war eindrucksvoll. Als Lara noch Medikamente aus dem Krankenhaus bekommen hatte und nicht auf ihre Ernährung achtete, waren die epileptischen Anfälle alle zwei Tage aufgetreten und hatten teils über eine Stunde angedauert. Inzwischen hatte sich die Zahl auf zwei bis drei im Monat reduziert, und die Anfälle dauerten meist weniger als fünf Minuten.

Ich war beeindruckt und wollte ihre Diät selbst ausprobieren. Doch Anthony warnte mich davor. Er meinte, dass ich das zwar machen könnte und die Diät eine entgiftende Wirkung haben würde, aber es dauerhaft wahrscheinlich nicht gut für mich wäre. Jeder Mensch hat individuelle Bedürfnisse, auch was das Essen angeht, und die sollten berücksichtigt werden.

Dass mir Laras Bedürfnisse wichtig seien, spüre sie, und sie fühle sich deshalb bei mir wohl, sagte er.

»Wirklich?«, fragte ich ihn.

»Ja.« Aufrichtigkeit sei bei Autisten besonders wichtig. Laut Anthony waren sie nicht krank, wie die meisten behaupten. »Ihr Gehirn hat einfach eine andere Struktur.«

So war es auch bei Lara. Die Impfung hatte ihr Gehirn umgeformt, wodurch sich ihr Verhalten verändert hatte. Und das sei keine Krankheit, meinte Anthony. Nun wollte ich noch mehr über Autismus erfahren. Laut dem Klassifikationssystem der Weltgesundheitsorganisation für Krankheiten handelte es sich um eine tiefgreifende Entwicklungsstörung.

Da es unterschiedlichste Arten gibt, sprechen Experten meist von einem autistischen Spektrum. Männer sind darin zwei- bis dreimal so häufig vertreten wie Frauen. Die Ursache für autistische Störungen liegt laut den Medizinern meist in einer Veränderung des Erbgutes. Wie es auch bei Lara durch die Impfung der Fall war. Da sie damals schon älter als drei Jahre gewesen war, würde man sie nicht dem frühkindlichen, sondern dem atypischen Autismus zuordnen.

Daneben gibt es noch Menschen mit dem Asperger-Syndrom, das sich ebenfalls erst nach dem dritten Lebensjahr ausprägt. Ähnlich wie atypische Autisten weisen sie meist viele Eigenschaften auf, die dem autistischen Spektrum zugeordnet werden. Das sind vor allem: starke Einschränkungen im Sozialverhalten, Beeinträchtigungen der Kommunikation und stereotype Verhaltensmuster.

Ich erinnerte mich an meine Recherchen zu den Gewohnheiten. Autisten brauchen also mehr Routine und vielleicht auch mehr Sicherheit als andere Menschen. Womöglich entscheiden sie sich deshalb auch für alternative Kommunikationsmethoden und einen anderen Umgang mit ihrem Umfeld.

All das macht sie noch lange nicht zu Kranken, und tatsächlich wird heutzutage häufig von Störungen gesprochen. Was impliziert, dass es festgefahrene, also störungsfreie Normen in unserer Gesellschaft geben muss. Aber wer definiert, was normal ist? Und ist vielen Menschen nicht auch ihre Individualität sehr wichtig, die oftmals über den Normen steht?

Diese Fragen schwirrten in meinem Kopf herum.

Die Antworten musste ich nicht sofort finden. Ich wollte sie reifen lassen. In mir. Mit mir. Aus den Erfahrungen heraus, die ich im Leben machen würde.

~

Einmal wurde es brenzlig. Lara und ich waren allein in der Innenstadt von Bristol unterwegs. Wie so oft wollte sie sich mitten auf eine stark befahrene Straße setzen, als wir diese überquerten und sie einen Bus sah. Für diese, besonders für die Doppeldecker, hegte Lara bekannterweise eine Faszination. Dann sprang die Ampel um, und es gelang mir gerade noch rechtzeitig, Lara auf den Bürgersteig zu schaffen. Dort hatte sie einen epileptischen Anfall. Viele Passanten blieben stehen und fragten: »Können wir helfen?« oder »Sollen wir einen Krankenwagen rufen?«

Ich war dankbar für die Hilfe, die mir die Leute anboten. Trotzdem musste ich sie ignorieren, da Lara nun meine ganze Aufmerksamkeit brauchte – ich verhielt mich genau wie die Betreuerin damals auf unserem Ausflug, die für mich nicht ansprechbar gewesen war. Als alles vorbei war, brachte ich Lara zurück zur Einrichtung. Ich war froh, dass ich die Situation gemeistert hatte, aber musste das, was passiert war, erst einmal sacken lassen und ging joggen.

Ich lief durch die grüne Hügellandschaft der Downs. Es war gut, um den Stress, der sich durch den Vorfall angesammelt hatte, abzubauen und das Erlebnis zu verarbeiten.

In kurzer Zeit hatte ich viel gelernt. Das gab mir auch die Sicherheit weiterzumachen.

Über ein Jahr war ich bei Lara. Ich lernte verschiedene Zeichensprachen, um auch ohne Worte kommunizieren zu können. Ich machte einen Einreibungskurs, eine Massagetechnik, die ich jeden Abend an Laras Füßen anwendete und probierte für zwei Wochen schließlich doch noch ihre Diät aus.

Anthony behielt recht: Es war nicht das Optimale für mich. Aber es führte dazu, dass ich noch einmal neu über das Thema nachdachte. Für mich waren Lara und der extreme Rückgang ihrer epileptischen Anfälle der beste Beweis dafür, wie wichtig es war, sich mit dem zu beschäftigen, was wir essen.

Ich recherchierte zum Thema und war schockiert darüber, wie Lebensmittel hergestellt werden. Damit der eine Teil der Bevölkerung bestimmte Waren kaufen kann, wird der Lebensraum der anderen zerstört. So wurden zum Beispiel viele Bauern in Indien von Großkonzernen vertrieben, damit diese dort Monokulturen wie Basmatireis oder Soja anbauen können. Aber auch in Deutschland sind die Zustände furchtbar. Bei der Massentierhaltung werden in einzelnen Betrieben bis zu 800.000 Legehennen oder 90.000 Schweine auf engstem Raum zusammengepfercht. Diese industrielle Zucht, bei der die Tiere starken Schmerzen ausgesetzt sind, kann nur durch den Einsatz von Antibiotika und anderen Medikamenten ermöglicht werden. Ich war so schockiert, dass ich meinen Konsum von industriell hergestellten Produkten reduzierte.

Das war gar nicht so schwer, ich musste mich lediglich mit den Inhaltsstoffen auseinandersetzen. Manchmal recherchierte ich ein wenig nach und fand heraus, dass nicht auf alle Gütesiegel Verlass war.

Der Prozess des Verzichten-Lernens in Bezug auf das Essen verlief bei mir schrittweise. Da mir rotes Fleisch noch nie gut geschmeckt hatte und mir auch nicht guttat, reduzierte ich meinen Konsum. Nachdem ich dann zu viele Bilder von gequälten Hühnern gesehen hatte, wurde ich zur Pescetarierin, aß also nur noch Fisch. Doch auch der Fischfang hat sich den technologischen Fortschritt zunutze gemacht, weswegen sich die Zahl der Fische, die pro Jahr gefangen werden, in den vergangenen sechzig Jahren verzehnfacht hat. Heute werden jährlich über hundert Millionen Tonnen Fisch aus den Meeren der Welt geangelt. Die Folge: Die meisten Fischarten sind vom Aussterben bedroht. Mehr als die Hälfte von ihnen sind laut der Weltgesundheitsorganisation überfischt, und etwa ein Drittel ist vollkommen erschöpft. In Europa ist es sogar genau die Hälfte. Nicht zu vergessen: die Aquakulturen. Jeder dritte Fisch, jede dritte Muschel und jedes dritte Krebstier stammen inzwischen daher – und das, obwohl diese Zuchtverfahren massive Risiken für die Ökosysteme bergen. Die in den Aquakulturen gehaltenen Fische verdrängen andere Arten, da sie in unnatürlich großer Enge leben und anfälliger für Krankheiten und Parasiten sind, die sich dann verbreiten. Zudem wird das Wasser mit Chemikalien belastet, die eingesetzt werden, um die Krankheiten zu bekämpfen.

All das veranlasste mich, auch auf Fisch zu verzichten. Ich wurde Vegetarierin. Ich meide allerdings nicht alle tierischen Produkte, denn ich esse nach wie vor Eier und Käse und trinke

Milch. Ich achte sehr genau darauf, wie diese produziert wurden, wenn ich einkaufen gehe. Wobei ich im Alltag, etwa wenn ich auswärts Kuchen esse, nicht ständig frage, wo die Eier herstammen. Das wäre zwar konsequent, aber sehr unhöflich.

Nicht nur in Bezug auf das Essen veränderte ich mich. Dadurch, dass ich von meinen gewohnten Perspektiven abrückte, stellte ich vieles infrage. Das bekamen auch meine Eltern zu spüren. Denn ich hinterfragte auch ihre Sicht der Dinge, die bis zu diesem Zeitpunkt sehr prägend für mich gewesen war. War für mich Sicherheit genauso wichtig wie für sie? War es im Zweifel nicht wichtiger, dass ich mir treu blieb, als viel Geld zu verdienen? Fühlte ich mich durch konservative politische Haltungen in meiner Freiheit beschränkt?

In der Tat war Freiheit etwas, das mir immer wichtiger wurde und wofür ich auch Unsicherheiten in Kauf nahm. Meine Eltern konnten das nicht verstehen. Bei unseren Telefonaten gab es immer häufiger Streitgespräche. Für sie lebte ich einfach so in den Tag hinein und machte mir keine Gedanken, was im nächsten Jahr sein würde. Dabei machte ich mir sehr wohl Gedanken und nahm alles äußerst bewusst wahr. Das erste Mal in meinem Leben hatte ich Verantwortung für jemanden übernommen: für Lara. Sie hatte oberste Priorität, und erst wenn ich nicht mit ihr zusammen war, genoss ich meine Freiheit.

Ich ließ alle Erfahrungen auf mich wirken und musste niemandem Rechenschaft ablegen. Für meine Eltern war es schwer, dass ich nicht mehr alles mit ihnen teilte, und so kam es zeitweise sogar zu Funkstille. Das war für beide Seiten nicht einfach, aber ein wichtiger Schritt im Prozess des

Loslassens. Und durch den Abstand erkannten wir, was uns wirklich wichtig war: die Liebe zueinander.

Fest stand, dass Lara inzwischen zu den wichtigsten Menschen in meinem Leben gehörte. Sie hatte mir neue Horizonte eröffnet, und dadurch hatte ich viel gelernt: Achtsamkeit, Geduld und Verantwortung zu übernehmen. Entsprechend schwer war es, Lara wieder loszulassen, und ich haderte lange mit mir selbst. Allmählich begann ich, meine Eltern besser zu verstehen. Auch wenn Lara nicht meine Tochter war, irgendwie fühlte es sich so an, vielleicht weil ich selbst noch keine Kinder hatte.

Um mich länger um Lara kümmern zu können, hätte ich eine Ausbildung als Betreuerin beginnen können. Doch ich wusste auch, dass ich nicht bis an mein Lebensende bei ihr bleiben konnte. Schließlich war ich nicht ihre Mutter. Und selbst die hatte Lara schon losgelassen, um später zu ihr zurückzufinden. Meine Zeit mit Lara war letztendlich auch eine bereichernde Erfahrung zum Eltern-Kind-Verhältnis, die mich darin bestärkte, dass ich später selbst einmal Kinder bekommen wollte. Zuvor wollte ich allerdings meine Neugierde befriedigen und die Welt entdecken. Die Gewissheit, dass ich Lara immer besuchen könnte, gab mir die Kraft, sie als ihre Betreuerin loszulassen.

# Immer weiter

In England hatte ich gelernt, wie wichtig es für mich war, neue Erfahrungen zu sammeln. Diese Freiheit wollte ich in Zukunft beibehalten und mich ungern festlegen. Umso schwieriger gestaltete sich meine weitere Entscheidungsfindung. Vor allem in Bezug auf meine Ausbildung. Mich interessierte zu viel: Pädagogik, Philosophie, Sprachen, Kulturen, Reisen, Gesellschaft, Wirtschaft. Bachelor und Master oder ein traditionelles Studium? Letzteres gab es fast gar nicht mehr, weil diese Studienform durch den Bologna-Prozess, eine europaweite Hochschulreform zur Angleichung von Studiengängen, so gut wie abgeschafft worden war. Also bewarb ich mich bei den unterschiedlichsten Studiengängen.

Meine erste Wahl fiel auf Ethnologie in München. Dort hatte Arjun inzwischen angefangen Theaterwissenschaften zu studieren, und es wäre schön gewesen, wieder mit ihm an einem Ort zu sein. Doch als ich mir diesen Studiengang genauer ansah, musste ich feststellen, dass es nicht das Richtige für mich war. Er wirkte zu speziell und zu antiquiert. Davon hatte ich während meiner Zeit am humanistischen Gymnasium in Frankfurt mit Latein und Altgriechisch genug gehabt, ich brauchte etwas anderes. Etwas Neues. Etwas zum Entdecken von Fremdem.

Kulturwissenschaften konnte ich mir gut vorstellen. So schrieb ich mich in Bremen sicherheitshalber dafür ein. Als Nebenfach: BWL. Meinem Vater zuliebe.

Am allerliebsten allerdings hätte ich nur geschrieben. Diesen Wunsch hatte meine Oma Lise immer unterstützt. Bereits als ich noch ein kleines Kind war, hatte sie mich dazu ermutigt, meine Geschichten aufzuschreiben. Und je älter ich wurde, desto weniger ließ sie davon ab. Auch meine Eltern wussten, dass das Schreiben meine große Leidenschaft war. Und so bewarb ich mich zusätzlich zu den Kulturwissenschaften in Bremen für den Studiengang Kreatives Scheiben in Hildesheim.

Zu meiner Überraschung wurde ich zum Auswahlgespräch eingeladen. Als das vorbei war, fragten mich die anderen Bewerber, wie es gelaufen sei. Ich traute mich erst nicht, sagte dann aber doch: »Ich habe abgelehnt.« Ich konnte die Fragezeichen, die über den Köpfen der anderen schwebten, vor mir sehen, als sie im Chor fragten: »Waaaas hast du?«

Ich erklärte ihnen, dass die Prüfer mich für das Studium zugelassen, mir aber geraten hätten, erst einmal ein anderes Fach zu studieren. So würde ich Erfahrungen sammeln können, um später darüber zu schreiben. Die Entscheidung liege bei mir, ich müsse sie allerdings sofort treffen. Es fiel mir schwer. Zwar freute ich mich über die Bestätigung, und es ging um das, was ich schon immer machen wollte: Schreiben. Trotzdem irritierte es mich, dass man mir empfahl, etwas anderes zu studieren. Aber ich vertraute auf das Urteil der Prüfer und entschied mich gegen den Studiengang, um vorerst andere Interessen auszuleben. Ich ließ meinen Traum vom Schreiben zunächst noch einmal los.

Nachdem ich den anderen Mitstreitern Erfolg gewünscht und mich von ihnen verabschiedet hatte, ging ich zu meinem

Vater, der draußen im Auto auf mich wartete. Ich erzählte ihm, was passiert war, und sagte dann: »Ich habe ein schlechtes Gewissen, weil du mich hergefahren hast und ich es abgesagt habe.«

»Es gehört viel dazu, Nein sagen zu können. Ich bin stolz auf dich«, antwortete er und nahm mich in den Arm. Das freute und erleichterte mich, und ich war auch ein wenig überrascht von seiner Reaktion. Trotzdem wusste ich noch immer nicht, was ich studieren sollte. Denn irgendwie fühlte sich auch die Immatrikulation in Bremen nicht mehr richtig an. Der internationale Bezug, den ich mir so sehr gewünscht hatte, schien nicht wirklich gegeben. Die Suche ging also weiter.

Am Ende entschied ich mich für das Bachelor-Studium »Internationales Management mit Event und Tourismus« in Heidelberg. Dabei war es eigentlich schon zu spät. Der Studiengang hatte bereits eine Woche zuvor begonnen, aber mein Vater überraschte mich noch einmal: Ohne eine Beziehung zur Universität zu haben, hatte er noch einen Termin für ein Vorstellungsgespräch organisiert. Er sagte zu mir: »Du brauchst sie nur noch zu überzeugen.« Der Druck war groß. Ich musste nun mein Bestes geben. Und es gelang! Das Gespräch verlief positiv, und ich begann mit dem Studium in Heidelberg. Ich war meinen Eltern so dankbar, dass sie die Studiengebühren bezahlten, obwohl sie dafür selbst Abstriche machen mussten.

Während meiner Zeit in England hatte ich gut verdient, für mich selbst gesorgt und mich daran gewöhnt, auf mich gestellt zu sein. Jetzt war ich – zumindest finanziell – wieder von meinen Eltern abhängig. Keine leichte Umstellung. Da ich nicht wollte, dass die Abhängigkeit zu stark wurde, musste ich nebenher Geld verdienen. Auch um für die Fahrten zu

Arjun aufzukommen, der nun knapp 350 Kilometer südöstlich von mir wohnte. Mein Studium beanspruchte viel Zeit und war strikt durchgeplant. Für meine Besuche in München und zum Arbeiten blieben nur die Wochenenden. Jedes zweite kellnerte ich durch. Die anderen verbrachte ich mit Arjun. Hinzu kamen Hausarbeiten, Referate und das Lernen. Es funktionierte, war aber sehr anstrengend – auf eine andere Art als in Bristol. Vermutlich weil ich nun viel weniger mit Menschen zu tun hatte.

Dass ich nur sehr beschränkt über meine Zeit verfügen konnte, machte mir nichts aus, das war ich aus England gewohnt. In den Semesterferien war bereits im ersten Studienjahr ein dreimonatiges Praktikum vorgesehen, und diese Zeit bedeutete für mich eine gewisse Freiheit. Es zog mich wieder ins Ausland. Nach Spanien. Ich hatte die Erfahrung gemacht, dass ich eine Sprache vor Ort viel besser lernen konnte als zu Hause.

Ich ergatterte einen Praktikumsplatz in Barcelona – von dort stammte meine spanische Mitbewohnerin in Bristol, die immer Tortilla gebraten hatte. Leider war es nicht der beste Ort, um Spanisch zu lernen: Denn die meisten Menschen dort sprechen Katalanisch, die Sprache der Region Katalonien, deren Hauptstadt Barcelona ist. Das merkte ich sofort, als ich dort ankam. Statt »*Gracias*« bedankten die Menschen sich mit »*Merci*«. Die meisten Straßenschilder, Werbetafeln und Schriftzüge an den Geschäften konnte ich nicht lesen. Zum Glück wurde in der Eventagentur, wo ich mein Praktikum absolvierte, Spanisch gesprochen.

An meinem ersten Praktikumstag verstand ich trotzdem so gut wie nichts. Alle redeten ungeheuer schnell, und die Worte rasten an mir vorbei wie die Metro, mit der ich in die

Agentur gefahren war. Ich erinnerte mich an meinen Spanisch-Dozenten, der mich gewarnt hatte, dass es nicht leicht werden würde. Nicht nur wegen dem Katalanisch, sondern weil ich vor nicht mal drei Monaten erst angefangen hatte, Spanisch zu lernen. Er sollte recht behalten: Es war eine zu große Herausforderung.

Niedergeschlagen ging ich in die Wohnung, die mir Señor Casellas, der Chef der Eventagentur, vermittelt hatte.

Am Abend zuvor war ich erst gegen 23 Uhr in Barcelona gelandet. Der Fotograf, mit dem ich zusammenwohnen sollte, war nicht da. Er hatte mich gebeten, den Schlüssel in der Bar im Nachbarhaus abzuholen. Doch weil ich so aufgeregt gewesen war, hatte ich in der Nacht nicht viel Schlaf gefunden, und entsprechend müde war ich nun nach meinem ersten Arbeitstag.

Aus der Wohnung dröhnte laute Reggaeton-Musik. Ich schloss die Tür auf und erblickte eine blonde Frau, die vor dem Fernseher im Wohnzimmer tanzte. Sie war nackt und kam auf mich zu: »*Hola*«, sagte sie und umarmte mich, obwohl ich sie noch nie gesehen hatte. Berührungsängste schien sie nicht zu haben. Sie bot mir etwas Sangria aus einer Plastikpackung an und erzählte mir auf Englisch, dass sie Schwedin war. Wenn der Fotograf, dem die Wohnung gehörte, nicht da sei, wohne auch sie hier.

Ich nahm das Angebot dankend an und trank einen Schluck Sangria. Durch diese Begrüßung, die mir wie ein Überfall vorkam, obwohl ja eigentlich ich in ihre Privatsphäre eingedrungen war, konnte ich meine Frustration vom ersten Tag gut verdrängen.

~

Am nächsten Tag erwartete mich eine Überraschung. Mein Chef Señor Casellas nahm mich mit auf einen Außentermin. Gemeinsam fuhren wir zum Camp Nou, dem Heimatstadion des FC Barcelona. Dort angekommen liefen wir mitten auf den Rasen. Ich bestaunte die Tribüne mit den fast 100.000 Sitzplätzen. Sie erstrahlten je nach Rang in den Vereinsfarben blau und karminrot. In der Mitte ein gelber Schriftzug mit dem Vereinsmotto: »*Més que un club* – Mehr als ein Verein«. Darauf zeigte Señor Casellas und erklärte mir, dass es dem FC Barcelona wichtig sei, sich auch sozial zu engagieren, und dass der Verein deswegen dieses Motto habe. Die Fans schätzten diese Haltung, genau wie die Spieler. Einige durfte ich sogar kennenlernen, da die Agentur einen guten Kontakt zu ihnen hatte. Wir liefen unter den Tribünen ins Innere des Stadions, und schon von Weitem erkannte ich Lionel Messi und Andrés Iniesta. Ich konnte es kaum glauben, dass ich die Superstars treffen durfte. Auch Samuel Eto'o und Sergi Roberto waren da. Sie begrüßten mich auf die spanische Art: mit »*Hola*« und dazu noch mit einem Küsschen auf die rechte und einem auf die linke Wange. Für mich als Fußballbegeisterte war das ein Traum! Aber weil ich so aufgeregt war und mich nach wie vor für mein Spanisch schämte, brachte ich nichts heraus außer »*Hola*«. Die Spieler schienen meine Nervosität zu spüren, lächelten freundlich und verabschiedeten sich gleich wieder. Nur Eto'o sagte noch auf Englisch: »Wir sehen uns beim Gamper Game.« Ich stotterte: »Okay.« Dann waren die Spieler auch schon verschwunden, und ich blieb irritiert und wie angewurzelt stehen.

Señor Casellas erklärte mir, dass der Schweizer Hans Gamper den Verein 1899 gegründet hatte und das Saison-Eröffnungsspiel nach ihm benannt war. Damals, im 19. Jahrhundert, habe sich der Klub zum Symbol Kataloniens entwickelt. Er symbolisiere für viele Katalanen heute noch Heimat und Freiheit. Das klang gut, dachte ich. Dann entließ mich mein Chef in den Feierabend, und um meine Aufregung in Ruhe zu verarbeiten, ging ich wie gewohnt zum Joggen. Auf meinem Heimweg hatte ich einen Hügel entdeckt, der nur wenige Straßen von meiner Wohnung entfernt lag. Es gab zwei Optionen, ihn zu erklimmen: mit der Rolltreppe, welche quer über die Straßen nach oben führte, oder über die steilen Treppen parallel dazu. Ich entschied mich für die zweite Variante. Immerhin wollte ich Sport treiben.

Auf dem Weg den Berg hinauf dachte ich noch einmal an die Begegnung mit den Fußballspielern. Mir wurde bewusst, dass ich nicht für alles Worte brauchte. Für die Fußballer war es offenbar in Ordnung gewesen, dass wir uns nur mit Küsschen begrüßt hatten und sonst nicht viel sprachen. Das Treffen hatte trotzdem etwas sehr Herzliches gehabt. Ich wunderte mich über mich selbst: Trotz meiner Erfahrung mit Lara in England hatte ich anscheinend immer noch den Ansatz, vieles kontrollieren zu wollen. Dabei war es viel wichtiger, dass ich mich auf andere Orte und die Menschen dort einließ und nicht an meinen Gewohnheiten festhielt. Das Gamper-Spiel wollte ich mir auch deshalb unbedingt ansehen – um die Katalanen in ihrem Stadion zu erleben.

Oben auf dem Hügel angekommen war ich ganz schön aus der Puste, dafür erwartete mich ein wunderschöner Ausblick über die Stadt. Und damit nicht genug: Ich befand mich im Park Güell, der im 20. Jahrhundert von einer der berühmtesten Persönlichkeiten Barcelonas angelegt worden war: Antoni Gaudí. Der spanische Architekt hatte mich sehr begeistert, weil er einen eigenwilligen Stil hatte: runde Formen, geschwungene Linien, unregelmäßige Grundrisse. Das merkte ich auch, als ich durch den Park lief. Mir gefiel das Gewirr aus Wegen, Mauern und Brücken. Zu Lebzeiten wurde an Gaudís Talent gezweifelt. Nachdem er in Barcelona studiert und seinen Abschluss gemacht hatte, soll der Direktor seines Institutes gesagt haben: »Wer weiß, ob wir das Diplom einem Verrückten oder einem Genie gegeben haben – nur die Zeit wird es uns sagen.« Heute gilt Gaudí als einer der herausragenden Vertreter des katalanischen Jugendstils, des sogenannten *Modernisme*. Kein Wunder, dass zahlreiche Besucher an mir vorbeiströmten.

Die Route durch den Park lief ich jeden Tag und hörte dabei einen spanischen Sprachkurs. Am Abend unterhielt ich mich mit meinen Mitbewohnern. Dadurch, dass ich mich permanent mit der Sprache umgab, fühlte ich mich schnell wohl dabei, sie zu sprechen. Nachdem ich meine Startschwierigkeiten überwunden hatte, freute ich mich nun darauf, die Stadt zu erkunden.

Während meines dreimonatigen Aufenthalts saugte ich alles in mich auf: Der *café con hielo*, Kaffee mit Eiswürfeln, wurde mein Startgetränk für die meist dreißig Grad heißen Sommertage in der Stadt. Tapas und Wein mit einer Siesta unter den Bäumen der La Rambla, der Allee im Stadtzentrum, waren das perfekte Gegenstück zu einer Mittagspause in der Mensa in Deutschland. Zum Glück konnte ich überall schlafen. Nicht nur im Auto, Bus oder Flugzeug, sondern auch auf einer der belebtesten Promenaden Barcelonas. Dafür setzte ich mich auf eine der zahlreichen Holzbänke. Die großen Platanen boten mir angenehmen Schatten. Ich lehnte mich an, legte meinen Kopf auf der Lehne ab und schloss meine Augen. Es störte mich nicht, dass Passanten an mir vorbeiflanierten. Und auch den lärmenden Verkehr konnte ich nach einigen Minuten gut ausblenden. Sogar ohne Ohrstöpsel. Ich nickte ein.

Und am Wochenende konnte ich mit der Metro zum Strand fahren, um baden zu gehen oder meine Blicke über die sanften Wellen schweifen zu lassen. Das Wasser hatte wie immer eine beruhigende Wirkung auf mich. Und so konnte ich alle Erfahrungen der Woche, inklusive der vielen neuen Vokabeln, sacken lassen.

~

Als Arjun zu Besuch kam und ich ihn fragte, ob er mit mir zum Gamper-Spiel gehen wollte, war er begeistert. Vor allem, weil der FC Barcelona dieses Jahr zum Freundschaftsspiel ausgerechnet den FC Bayern München eingeladen hatte: Arjuns Lieblingsverein. Die Bayern waren in dieser Partie allerdings chancenlos.

Im Camp Nou hatten wir sehr gute Sitzplätze: im unteren Rang direkt hinter dem Tor, in dem in der ersten Halbzeit Oliver Kahn stand und drei Treffer kassieren musste. Zwei davon von Eto'o. Messi spielte aufgrund einer schweren Verletzung nicht. Doch die Fans feuerten ihren Verein leidenschaftlich an. Immer wieder riefen sie: »*Més que un club!*« Nach dem Seitenwechsel wurde es etwas langweilig. Denn die Bayern hatten so gut wie keine Gelegenheit zum Torschuss. Arjun war geknickt. Aber selbst er war mitgerissen von der besonderen Atmosphäre im Stadion.

Am nächsten Tag kamen auch meine Eltern zu Besuch, und Touriprogramm war angesagt. Sie holten mich mit Arjun nach der Arbeit vom Plaça de Catalunya ab, dem Zentrum

Barcelonas. Ich wollte ihnen auf dem Passeig de Gràcia ein Haus von Gaudí zeigen: die Casa Batlló mit ihrer farbenfrohen und geschwungenen Fassade, die meiner Mutter sofort auffiel. Gaudí hatte das Wohnhaus mit Anfang fünfzig umgebaut. Seither zählt es zu einem der Glanzstücke der Stadt.

Genau wie die nur wenige Gehminuten entfernte Casa Milà, die Gaudí im Anschluss errichtet hatte. Wahrhaftige Pionierarbeit, für die sich Arjun ebenso interessierte wie ich. Dank des natürlichen Belüftungssystems hatten alle Räume im Haus eine angenehme Temperatur und waren von Tageslicht durchflutet – eine besonders energiesparende Bauweise mitten in der Stadt.

Von dort schlenderten wir gemeinsam zur Baustelle der römisch-katholischen Basilika Sagrada Família, die einen ganzen Straßenblock einnimmt, was meinen Vater sehr beeindruckte. Ich erzählte ihm, dass der Bau bereits 1882 begonnen wurde und Gaudí die Leitung übernahm, bis er von einer Straßenbahn genau vor dem Gotteshaus erfasst wurde.

Neben den Sehenswürdigkeiten wollte ich meinen Besuchern aber auch die Orte zeigen, an denen ich sonst meine Wochenenden oder meinen Feierabend verbrachte. Es waren kleine Strandcafés oder Bars unter freiem Himmel, wo wir Live-Musik lauschen und Sangria trinken konnten. Wir alle genossen es, bis spätabends draußen zu sein. Mit meinem Praktikum gab es wegen der ungewohnten Zeiten kein Problem – die Arbeit begann erst zwischen neun und zehn Uhr morgens. Für mich genau das Richtige. Ich hätte mich daran gewöhnen können, musste jedoch wieder zurück zum Studieren nach Heidelberg.

~

Da ich so begeistert von meinem Spanienaufenthalt war, nutzte ich die nächstbeste Möglichkeit, um wieder dort hinzufliegen. Im darauffolgenden Sommer ging es zum Praktikum nach Sevilla. Dort hatte ich mich im Vorjahr um einen Platz bei einer Event-Agentur beworben, doch meine Spanischkenntnisse waren damals noch nicht gut genug gewesen. Nun war das kein Problem mehr, da ich sie in Barcelona und im Studium verbessert hatte.

Allerdings machte mir die extreme Hitze in der Hauptstadt Andalusiens zu schaffen. Denn die südlichste Provinz von Spanien liegt nah an Afrika und erreicht im Sommer sehr hohe Temperaturen. Besonders im Landesinneren, wo sich Sevilla befindet. Hier gab es, anders als in Barcelona, keine Brise vom Meer. Im Gegenteil: Temperaturen über 35 Grad waren normal. Manchmal wurden es sogar über vierzig Grad. Die Siesta dauerte vier Stunden – nur an meinem Praktikumsplatz nicht, wo die Räume klimatisiert waren. Das hätte ich mir für meine Wohngemeinschaft auch gewünscht, doch da gab es keine Klimaanlage, was dazu führte, dass ich die meisten Nächte auf einer Liege unter freiem Himmel auf dem Dach schlief. Anders war es nicht auszuhalten.

Gefunden hatte ich das Zimmer in einem Portal im Internet. Inseriert von einem deutschen Architekten, der sich die Wohnung, in der er seit fünf Jahren lebte, allein nicht leisten konnte und vorzugsweise Studenten für wenig Geld ein einfaches Zimmer anbot.

Als ich ankam, gab es keine Möbel außer einem Bett. Mich störte das nicht. Aber der Wohnungsbesitzer wollte mir gern noch Möbel zur Verfügung stellen und fragte mich, was ich brauchen könne, er werde es mir sofort bauen. »Vielleicht etwas, um meine Klamotten unterzubringen«, antwortete ich.

Als ich am nächsten Tag von der Arbeit zurückkehrte, erwartete mich in meinem Zimmer ein Konstrukt aus Drähten, die längs an eine Wand gespannt waren. An der einen Hälfte hingen Bügel, an der anderen waren kleine Holzplatten eingelassen. Ich war beeindruckt. Es war der individuellste Schrank, den ich je gesehen hatte.

Ich sah, was für tolle Sachen man mit wenig Aufwand zaubern konnte, und realisierte, dass ich auf Möbel im Grunde weitestgehend verzichten konnte. Selbst mein Bett brauchte ich eigentlich nicht, weil ich fast immer unter dem Sternenhimmel schlief. Ab und zu taten das auch meine zwei Mitbewohner: eine Rumänin und ein Chinese. Abends versuchte Letzterer, der Rumänin und mir seine Muttersprache beizubringen. Wir behielten zwar nicht viel, hatten aber Spaß. Außerdem lernten wir die unschönen Besonderheiten der chinesischen Kultur kennen: Immer wenn er etwas aß, schmatzte er laut und auffällig. Obwohl es äußerst unappetitlich war, wartete ich lange, bis ich ihn darauf ansprach: »Machst du das im Büro auch?«

»Natürlich, es ist ein Zeichen, dass es mir gut schmeckt«, antwortete er.

Ich erklärte ihm, dass das in Europa anders sei. Er war dankbar und kaute von da an leise.

Er machte genau wie die Rumänin ein Praktikum in einem Architekturbüro. Sevilla sei für Architekten aus aller Welt interessant, erklärten mir meine beiden Mitbewohner, aus dem einfachen Grund, dass es schon lange von fremden Kulturen geprägt sei. »Deswegen bin ich hier«, sagte der Chinese. Vor allem die Mauren, die vom 7. bis zum 10. Jahrhundert von den Arabern islamisiert worden waren und sie beim Kampf um die Iberische Halbinsel unterstützten, hatten Andalusien stark beeinflusst, erklärte mir die Rumänin. Ende des 13. Jahrhunderts wurde die Stadt im Rahmen der *Reconquista* von den Spaniern zurückerobert.

»Die Historie hat ihre Spuren in der Altstadt hinterlassen«, sagte der deutsche Vermieter. Sevilla habe die größte Altstadt Spaniens und neben Venedig und Genua eine der ausgedehntesten in Europa. Ich konnte es kaum abwarten, sie zu erkunden. Diesmal hatte ich nur flüchtig in meinen Reiseführer geschaut, vielleicht weil ich die Stadt etwas freier entdecken wollte.

Nicht nur der Alcázar-Palast, den die spanische Königsfamilie nach wie vor als Residenz nutzte, sondern auch viele andere Bauwerke waren orientalisch geprägt. Genau wie die Kathedrale Santa María de la Sede. Sie wurde auf der einst maurischen Moschee errichtet. Die Giralda, ursprünglich mal ein Minarett, dient heute als Glockenturm und ist das Wahrzeichen Sevillas. Davon hatten mir bereits die Architekten in meiner WG erzählt, weswegen es mich dort besonders hinzog.

Als Arjun zu Besuch kam, zeigte ich ihm die Altstadt, und gemeinsam wandelten wir durch das Labyrinth der engen Gassen. Etwas später stießen wir auf die Plaza de España, die anlässlich der Iberoamerikanischen Ausstellung gebaut worden war. Dominiert wird sie von einem halbkreisförmigen Gebäude, das eine Umarmung der südamerikanischen Kolonien durch Spanien symbolisiert.

Anschließend erfrischten wir uns etwas mit dem von mir neu entdeckten Getränk *Tinto de verano*, einer ungesüßten Variante des Sangria, die mit Soda, Rotwein und Eiswürfeln zubereitet wird. Und einem Teller *Gazpacho*, einer kalten Knoblauchsuppe mit gekochtem Gemüse.

»Warst du schon mal in Südamerika?«, fragte ich Arjun.

»Nein, du?«, fragte er zurück.

»Ich auch nicht, aber ich würde gern mal hin«, sagte ich. Zwar hatte ich mit meinen Eltern schon häufig Reisen unternommen, aber immer innerhalb Europas und mit dem Auto. Einmal waren wir nach Marokko geflogen, erinnerte ich mich. Nach meinen England- und Spanienaufenthalten war das Fliegen an sich nichts Exotisches mehr für mich, aber ich wollte gern auf einen anderen Kontinent, nach Südamerika oder Asien. Immer wieder stieß ich bei meinem Aufenthalt in Südspanien auf diese Erdteile. Die Musik beim Salsa-Tanzen in einem der Clubs kam aus Kuba, und die *Churros*, die wir danach verzehrten, stammten ursprünglich aus dem Süden Chinas. Da damals auf die Weitergabe des Rezeptes die Todesstrafe stand, gelangte das Gebäck in abgewandelter, sternförmiger Form auf die Iberische Halbinsel. Die länglichen Krapfen aus Brandteig wurden erst in heißem Öl frittiert und dann mit Zucker bestreut. Zusätzlich tunkten wir die *Churros* in Schokoladensoße. So schmeckten sie besonders lecker!

Am nächsten Morgen ging es uns gar nicht gut. Vor allem mir. Erst dachte ich, es seien die üblichen Beschwerden einer langen Partynacht und schleppte mich zur Arbeit. Aber als die Bauchschmerzen nicht nachließen und ich bleich im Gesicht an meinem Schreibtisch saß, schickte mich meine Kollegin nach Hause. Dort verschlechterte sich mein Zustand.

Ich konnte mich vor Schmerzen kaum noch bewegen. »Ruf einen Krankenwagen!«, bat ich Arjun.

Da ich nicht sonderlich schmerzempfindlich bin, wusste Arjun sofort, wie ernst die Lage war. Er wurde nervös. Noch aufgeregter wurde er, als ihm der Notdienst mitteilte, dass der Krankenwagen frühestens in einer Stunde kommen werde.

Ich war schockiert und fragte Arjun, ob er bei den Nachbarn um Hilfe bitten könne. Mit wilden Gesten und ein paar englischen und spanischen Wortfetzen verständigten sie sich. Die Nachbarn riefen ein Taxi und wollten mich aus der Wohnung die Treppe hinuntertragen. Doch das verstärkte meine Schmerzen nur noch.

Deswegen stieg ich gebückt und in Zeitlupe die Stufen aus dem vierten Stock hinunter. Unten angekommen legte ich mich auf die Rückbank des Taxis. Arjun stieg ein. Er musste nichts sagen. Der Fahrer war von den Nachbarn schon über unser Ziel informiert worden und fuhr sofort los.

Beim Krankenhaus angekommen wurde ich am Taxi mit einem Rollstuhl abgeholt, in einen Raum gebracht und dort auf eine Liege gebahrt. Die Ärzte fragten mich nach meinen Schmerzen und danach, ob ich schwanger sei.

»Nein!«, antwortete ich.

»Bitte sprechen Sie Spanisch!«, forderten sie mich immer wieder auf.

Aber ich war nicht so wortkarg, weil ich kein Spanisch konnte, sondern weil ich vor Schmerzen keinen Ton mehr herausbrachte.

Bevor irgendeine Untersuchung gemacht wurde, musste ich meine Kreditkarte zücken. Ich war in einer Privatklinik gelandet, und ohne Geld gab es dort keine Behandlung. Für eine Alternative blieb mir keine Zeit.

Erst nachdem ich die Quittung mit zittriger Hand unterschrieben hatte, wurde mir eine Infusion gelegt. Mit was, wusste ich nicht. Aber in diesem Moment war mir alles egal. Danach setzte mich jemand wieder in den Rollstuhl und schob mich in den Flur. Dort saß ich nun vollgepumpt – vermutlich mit Beruhigungs- und Schmerzmitteln – nur in

Shorts und Trägertop. Ohne Unterwäsche, Schuhe oder sonst etwas. Zeit zum Anziehen hatte ich nicht gehabt. Dann kam eine Krankenschwester auf mich zu, schaute mich an und sagte: »Du Ärmste, du hast ja noch nicht einmal Schuhe an.« Sie gab mir ein paar Krankenhausschlappen und schob mich in ein Zimmer, wo vier Ärzte auf mich warteten.

Ihre Diagnose: *Apendicitis aguda* – akuter Blinddarm. Also: So schnell wie möglich operieren. Dafür brauchte ich allerdings sofort zweitausend Euro. »Wo soll ich die so schnell hernehmen?«, fragte ich mich. Arjun durfte zu mir kommen, und weil ich zu kraftlos war, rief er meine Eltern an. Sie überwiesen mir das Geld sofort. Wieder zog die Krankenschwester meine Kreditkarte durch das Gerät, und wieder unterzeichnete ich. Die Operation konnte beginnen.

Als ich aus der Narkose erwachte, war ich froh, dass die Schmerzen nachgelassen hatten und ich noch am Leben war. Alles war so schnell gegangen. Nun lag ich allein in einem Zimmer und entdeckte ein großes Pflaster auf meinem Bauch. Ich zog es ganz vorsichtig ab, weil ich wissen wollte, wie es darunter aussah: Tackernadeln kamen zum Vorschein. Ich begann zu weinen, weil ich nicht wusste, was das zu bedeuten hatte. Das Telefon klingelte. Meine Eltern. Unter Tränen erzählte ich, wie es mir ergangen war. »Bei Fußballern werden die Wunden auch zugetackert«, sagte mein Vater, und darüber musste ich in diesem Moment dann doch ein wenig lachen.

~

Als ich wenige Tage später entlassen wurde, verbrachten Arjun und ich eine kurze, glückliche Zeit am Meer. Zwar konnte ich mit den Pflastern nicht ins Wasser, aber das störte mich nicht. Ich war froh, gesund zu sein und verspürte wieder ein Gefühl der Freiheit, als ich auf das offene Meer schaute. Das hatte ich vermisst. Nicht nur, weil es in Sevilla kein Meer gab, sondern weil ich gerade erfahren hatte, wie schnell man in seiner Freiheit eingeschränkt werden kann und wie wichtig die Gesundheit ist. Schon in meiner Jugend hatte ich das erlebt, als meine Knieoperation meine Sportkarriere beendete. Durch meinen Krankenhausaufenthalt in Sevilla war mir noch einmal bewusst geworden, wie wichtig es war, achtsam mit seinem Körper umzugehen. Eine Auslandskrankenversicherung war auf Reisen unverzichtbar. Nachdem ich die nötigen Unterlagen akribisch ins Deutsche übersetzt hatte, wurden mir die kompletten zweitausend Euro, die meine Eltern mir überwiesen hatten, erstattet.

Mir war in Sevilla klar geworden, dass ich weiterhin reisen wollte, nach Asien und Südamerika. Aber auch, dass ich in Zukunft nicht auf Menschen, die mir in Notfällen zur Seite stehen konnten, wie meine Eltern und Arjun, verzichten wollte.

Arjun und mich hatte das Erlebnis wieder näher zueinander gebracht, weil wir realisiert hatten, wie vergänglich alles war und wie wichtig es war, seine Lebenszeit zu nutzen. Deswegen wollten wir nach drei Jahren Fernbeziehung auch wieder gemeinsam an einem Ort leben.

Zurück in Deutschland mussten wir beide aber erst einmal unser Studium abschließen. Ich wurde etwas früher damit fertig, gab meine Wohnung in Heidelberg auf und zog übergangsweise zu Arjun, da ich für drei Monate ein Praktikum in München bei der *Süddeutschen Zeitung* machte. Währenddessen bewarb sich Arjun am Theater in Hamburg und ich mich an einer Journalistenschule in der Hansestadt.

Nach wie vor wollte ich meinen Traum verwirklichen und schreiben.

In Hamburg gab es wie in Hildesheim eine Aufnahmeprüfung in zwei Schritten: erst schriftlich, dann vor Ort, wo nur die Hälfte der übrig gebliebenen 25 Bewerberinnen und Bewerber einen Platz erhalten würden. Die Atmosphäre war angespannt. Alle, die das Prüfungszimmer verließen, wurden von den fragenden Blicken der Mitstreiter wie mit Blitzen durchschossen. Manche sagten nichts und liefen nur heulend an uns Wartenden vorbei. Das Ganze erinnerte mich an »Germany's Next Topmodel«. Die dritte Staffel der TV-Show hatte ich mit Kommilitoninnen in Heidelberg verfolgt. Denn Mode war damals für mich und viele andere in meinem Freundeskreis ein großes Thema gewesen. Die Produktionsbedingungen und ihre Konsequenzen spielten für uns keine Rolle.

Plötzlich wurde ich aus meinen Gedanken gerissen, ich war dran und wurde in das Zimmer gebeten. Sofort wurde ich von den Prüfern mit Fragen bombardiert: Wie hoch ist der Anteil der deutschen Industrie an der Gesamtwirtschaftsleistung? Wie hoch ist die Arbeitslosenquote? Wie hieß der erste Bundeskanzler? Zum Glück konnte ich alles beantworten. Es ging weiter mit: Wie heißt der Intendant der *ARD*? Wie der Chefredakteur der *ZEIT*? Und welche Zeitungen haben Sie abonniert? Die letzte Frage hätte eigentlich die einfachste aller Fragen sein sollen, aber ich geriet ins Stocken.

»Mm, keine«, sagte ich.

Großes Staunen bei den Prüfern.

»Weil ich derzeit keinen festen Wohnsitz habe«, erläuterte ich.

Noch mehr Fragezeichen.

»Wohnen Sie unter der Brücke?«, fragte ein Prüfer provokant.

»Nein, aber ich bin so viel unterwegs, dass sich ein Abonnement nicht lohnt, ich konsumiere Medien in der Regel digital.«

»Dann suchen Sie sich mal eine Wohnung, am besten in Hamburg – Sie haben den Platz«, sagte er.

Ich freute mich riesig. Meine unkonventionelle Ehrlichkeit war anscheinend gut angekommen. Nun konnte ich meiner Leidenschaft, dem Schreiben, nachgehen und mit Arjun in einer Stadt zusammenleben. Wir zogen in unsere erste gemeinsame Wohnung.

Am Wochenende frühstückten wir auf dem Balkon, ab und zu kochten wir gemeinsam und schliefen in einem Bett. Viel Zeit verbrachten wir aber trotzdem nicht miteinander. Denn abends, wenn ich nach Hause kam, war Arjun meist noch im Theater, und ich legte mich allein zum Schlafen. Und tagsüber war ich in der Journalistenschule oder für Recherchen unterwegs: im Karoviertel, um dort einen nachhaltigen Modeladen zu porträtieren, auf der Reeperbahn, um über Prostitution zu schreiben, oder ich absolvierte Praktika in verschiedenen Reiseredaktionen: bei Magazinen und Online-Medien. Dabei merkte ich wieder, dass es noch viel zu entdecken gab, überall auf der Welt.

Als mich eine befreundete Journalistin fragte, ob ich sie in Israel besuchen wolle, war meine Entscheidung sofort klar.

~

Ich wohnte mitten im Stadtzentrum von Jerusalem in einem österreichischen Hospiz. Während ich auf der Terrasse saß und eine Melange trank – was mir hier in Israel fast etwas absurd vorkam –, schaute ich auf die mit blauen Mosaiken verzierte Al-Aqsa-Moschee, deren goldenes Dach in der Sonne glänzte. Plötzlich fiel mir auf, wie immer mehr Menschen in ihre Richtung strömten. Kein Wunder, denn es war Freitag, für Muslime und Juden der bedeutendste Tag der Woche. Ich stand auf und sah, dass die einen zur Moschee und die anderen zur angrenzenden Klagemauer liefen. Überall bewaffnete Soldaten. Auch das war wenig überraschend, denn für Israelis ist es kein Problem, in das »Heilige Land« zu gelangen, wohingegen die Palästinenser eine spezielle Genehmigung zur Einreise brauchen. Auch wenn ich schon viel über den Konflikt wusste, hatte ich nicht damit gerechnet, ihn so augenscheinlich mitzuerleben. Es war beklemmend und aufregend zugleich, und ich wollte mehr erfahren. Von beiden Seiten.

Am nächsten Tag fuhr ich mit dem Bus nach Ramallah. Dafür musste ich zunächst am Checkpoint Qalandia vorbei. An einem der wenigen Passierpunkte zwischen Israel und dem Westjordanland, etwa fünfzehn Kilometer von Jerusalem entfernt, stauten sich die Fahrzeuge. Es stank nach Abgasen, die Luft war staubig, die Motoren dröhnten. An den Straßenrändern: Stacheldrahtzaun und israelisches Militär. Auf dem Weg in die palästinensischen Gebiete waren dann überall arabische Schriftzeichen zu sehen, die ich nicht verstand, und mir wurde klar, wie schwierig die Kommunikation mit den Menschen hier werden würde. Also beobachtete ich erst einmal alles, was um mich herum geschah. In Ramallah, der wichtigsten Stadt im Westjordanland, stieg ich aus. Dort befindet sich nicht nur ein Teil der Regierung Palästinas, sondern dort leben mehr als 33.000 Menschen. Entsprechend voll war es im Stadtzentrum. In den Straßen hupende Motorräder und Autos. Von einem Händler kaufte ich mir zwei *Simits*, Sesamringe, die ich von einem Istanbul-Besuch bereits kannte, dann machte ich mich auf den Weg zur israelischen Sperranlage. Seit 2002 baut Israel diese Absperrung. Mittlerweile ist sie fast achthundert Kilometer lang und läuft teilweise quer durch von Palästinensern beanspruchtes Gebiet. Weitab der *Green Line*, der Waffenstillstandslinie von 1949.

Je weiter ich das Stadtzentrum hinter mir ließ, desto mehr hörte ich Vogelgezwitscher statt Motoren, und als ich an Zitronenhainen vorbeilief, stieg mir der Duft der Blüten in die Nase. Dann erblickte ich den Schutzwall und ein Haus, durch dessen Garten er direkt lief. Davor stand ein Mann. Seine grauen Haare glänzten in der Sonne, und trotz der drückenden Hitze trug er Hemd und Anzughose.

Ich ging zu ihm, ohne zu wissen, wie ich mit ihm reden sollte. Aber bisher war ich mit meinen Sprachkenntnissen gut durchgekommen, das gab mir etwas Selbstsicherheit. Er schien mir wohlgesonnen und kam auf mich zu. »*Hello*«, begrüßte ich ihn.

»Ich spreche kaum Englisch«, sagte er, »aber meine Tochter, sie ist in der Schule. Kommen Sie!«

Was er genau von mir wollte, wusste ich nicht, aber ich folgte ihm in sein Haus. Man könnte nun sagen, dass das für eine allein reisende Frau zu gefährlich war. Aber ich wusste, dass ich für eine spannende Erfahrung ein gewisses Risiko eingehen musste, und so ließ ich meine Skepsis los.

Das Innere des Hauses war spärlich eingerichtet. Fast keine Möbel. Nur im Wohnzimmer ein Sofa, auf dem ich Platz nehmen sollte. Der Mann setzte sich mir gegenüber auf einen kleinen Stuhl. Dann kam seine Frau, die sich noch schnell das

Kopftuch zurechtzog. Ihre zwei Töchter linsten neugierig aus dem Türrahmen hervor.

»Es ist angenehm kühl bei Ihnen«, sagte ich, um die inzwischen durchaus etwas unangenehme Stille zu brechen.

»Kühl?«, wiederholte der Mann und schaute mich überrascht an.

Dann wendete er sich ab, sagte etwas auf Arabisch zu seiner Frau, die etwa zwei Minuten später mit einem Heizlüfter wiederkam und ihn vor mir platzierte.

»Besser?«, erkundigte sich der Mann bei mir.

Obwohl ich eigentlich froh über die Kühle in dem Haus gewesen war, da man es draußen vor Hitze kaum aushalten konnte, sagte ich: »Ja, danke!«

Der Mann schien zufrieden, lächelte und erklärte mir mit seinen Englisch-Brocken erneut, dass wir auf seine Tochter warteten, die bald aus der Schule kommen werde. Da wir nicht reden konnten, überbrückten wir die Zeit mit dem Trinken von stark gesüßtem Tee. Ich war dankbar für die Gastfreundschaft, aber auch froh, als die Tochter endlich kam. Inzwischen hatte ich schon zu viel von dem süßen Tee getrunken und hielt es vor dem Heizlüfter nicht mehr aus. Wir gingen in den Garten. Die Tochter war dreizehn Jahre alt, wie sie mir in gutem Englisch erzählte, das sie schon seit acht Jahren lernte. Sie erklärte, dass die Familie die Mauer in ihrem Garten nicht störte. Ich durfte sogar ein Foto von ihnen vor dem Schutzwall machen. Sie lächelten.

Zum Abschied gab mir das Mädchen seine E-Mail-Adresse, damit ich ihr das Foto zuschicken könnte.

Ich machte mich auf den Rückweg nach Jerusalem. Meine Freundin hatte mir erzählt, dass die Kontrollen zeitintensiv seien und man auf dem Weg nach Israel zu Fuß über die Grenze gehen müsse.

Ich fuhr also so weit ich kam mit dem Bus und stieg am Checkpoint Qalandia wieder aus.

Dort marschierten junge israelische Soldaten herum, in olivgrüner Uniform, mit großer Sonnenbrille und dem Finger immer am Abzug. In unregelmäßigen Abständen ertönte ein Signal, die Schranken öffneten sich, und ich gelangte zusammen mit den anderen Fußgängern in einen Schacht aus Metallgittern. Am Ende wieder eine Schranke. Dort musste ich, beobachtet von Sicherheitskameras, auf meine Kontrolle warten. Zuerst schauten mir die Soldaten in meine Tasche, nahmen meine Notizen an sich und den Film aus meiner Kamera – beides behielten sie ohne etwas zu sagen ein. Ich protestierte nicht. Danach tasteten sie meinen Körper ab. Dann erst überprüften sie meine Papiere. Dieser Prozedur war wirklich jeder dort ausgesetzt.

Ich fühlte mich unwohl, und das Gefühl hielt an. Auf der israelischen Seite folgte ein militärisches Sperrgebiet mit Stacheldraht, Bewegungsmeldern und Patrouillenwegen. Und auch in Jerusalem war das Militär omnipräsent.

Doch die Soldaten, die so jung waren, dass sie ihre Gewehre fast wie Spielzeuge trugen, waren nicht die Einzigen, die mir ein mulmiges Gefühl vermittelten. Immer wieder begegnete ich streng orthodoxen Juden. Ich erkannte sie an ihrem schwarzen Anzug, ihrer Kippa, dem langen Bart und den gezwirbelten Schläfenlocken. Sobald sie mich bemerkten, vermieden sie jeden Blickkontakt, einige wechselten sogar die Straßenseite. Ich fühlte mich alles andere als willkommen und hatte plötzlich das Gefühl, als ob irgendetwas mit mir nicht stimmte.

Genauso wurde ich auch behandelt, als ich das Land wieder verlassen wollte. Vielleicht lag es daran, dass ich blond war und einen deutschen Pass hatte, dachte ich mir. Das Sicherheitspersonal am Flughafen stellte mir mehr Fragen als die Prüfer all meiner Bewerbungsgespräche zusammen. Vor allem wurden die Fragen sehr persönlich: Mit wem haben Sie Ihre Zeit in Israel verbracht? Bei wem haben Sie gewohnt? Haben Sie immer allein in einem Bett geschlafen? Ich antwortete brav. Denn die Waffenpräsenz schüchterte mich ein. Zudem wollte ich mich möglichst unauffällig verhalten, um meinen Flug nicht zu verpassen.

Im Flieger dachte ich noch einmal über das Erlebte nach. Einige der Israelis, denen ich begegnet war, hatten eine radikale Einstellung vertreten: Alles, was Israel getan habe, sei lediglich eine Antwort auf die Offensiven der Palästinenser. Die hatten mich im Gegensatz zu den Israelis aber zumindest sehr freundlich empfangen.

Vielleicht lag das an der Auswahl der Menschen, denen ich begegnet war. Oder an der Geschichte des Landes, mit der die deutsche Geschichte unmittelbar verbunden ist. Das war ja auch der Grund, weswegen Israel jede Provokation mit maximaler Härte erwiderte: Die Welt sollte begreifen, dass das jüdische Volk stark ist. Auch wenn die Motivation verständlich ist, würde ich der Militärpräsenz und Gewalt einen friedlichen und offenen Austausch vorziehen. Dazu wollte ich in Zukunft durch meine journalistische Arbeit beitragen.

~

Zurück in Hamburg ging ich wieder zur Journalistenschule und schrieb dort meine Geschichte aus Israel nieder. Die Erlebnisse hatten mich stark beeindruckt. Ich realisierte, dass mir Hamburg nicht mehr reichte – so gern ich auch mit Arjun in der Hansestadt lebte und um die Alster joggte, mit meinen Freunden im *Pudel* feierte und anschließend zum Fischmarkt ging und die Fähre über die Elbe nach Övelgönne nahm. Das Fernweh hatte mich gepackt, ich wollte von überall auf der Welt Geschichten erzählen, über Konflikte berichten und meine Leidenschaften vereinen: Schreiben und Reisen. Deshalb beschloss ich, mich im letzten Jahr meines Masterstudiums noch einmal auf den Weg zu machen. Für drei Monate ging ich nach New York, um Daniel zu assistieren. Der freie Fernsehjournalist hatte eine Woche zuvor an meiner Journalistenschule ein Seminar gegeben. Direkt danach hatte ich ihn nach einer freien Mitarbeit gefragt, mir von der Journalistenschule die Erlaubnis dafür geholt und einen Flug gebucht. Arjun war schockiert, als ich ihm das Ticket präsentierte: »Ich sollte mich eigentlich für dich freuen, aber ich kann nicht, weil ich Angst habe, dich zu verlieren.«

»Es sind doch nur drei Monate«, versuchte ich ihn zu beruhigen, was mir jedoch nur teilweise gelang. Im Nachhinein kann ich verstehen, dass er sich Sorgen machte, denn dieser Flug nach New York war für mich der Beginn einer langen, langen Reise.

Ich war nie ein großer USA-Fan gewesen, hatte auch kein großes Verlangen verspürt, nach New York zu reisen. Doch als ich dort ankam, am ersten Morgen über die Brooklyn Bridge spazierte und die Skyline von Manhattan erblickte, die ich zuvor nur in Filmen gesehen hatte, war ich so beeindruckt, dass ich auf einmal verstand, warum so viel Wirbel um den *American Dream* gemacht wurde. Für mich fühlte es sich an, als ob er in greifbarer Nähe wäre. Dass dazu auch harte Arbeit gehört, lernte ich schnell.

Gleich am nächsten Tag stand das erste Arbeitstreffen mit Daniel an. Er hatte gute Nachrichten: »Wir haben einen Auftrag«, sagte er. Wir sollten einen Fernsehbeitrag über pensionierte Weltraumschimpansen drehen. Dafür mussten wir nach Florida. »Schon in vier Tagen«, klärte er mich auf. Es ging sofort an die Vorbereitung: Flüge buchen, Unterkünfte finden, Equipment checken und Koffer packen. Zum Glück war ich gut organisiert und hatte, was Reisevorbereitungen angeht, in den vergangenen Jahren viel gelernt. Englisch war auch kein Problem mehr. Nur im Umgang mit der Kamera war ich noch etwas unsicher. Zeit zum Üben blieb jedoch keine. Ende der Woche saßen wir im Flieger nach Miami.

Meine allererste Reise mit Daniel. Ich war aufgeregt und joggte am Abend zur Beruhigung erst einmal am schönen Strand entlang. Am nächsten Morgen fuhren wir schon um sechs Uhr los zum Dreh. Ich musste Daniel wecken, da er morgens noch viel schlechter aus dem Bett kam als ich. Wir waren in der ersten Tageshälfte beide nicht sonderlich gesprächig. Umso besser, dass wir beim Drehort erst einmal die Menschenaffen filmen sollten. Und auch das nur aus der Ferne mit einem extra Objektiv, da wir nicht nah an die Tiere herandurften. Sie waren ihr Leben lang für Versuchszwecke gequält worden und durften hier in Ruhe ihren Lebensabend verbringen. Das erklärte uns die Leiterin der Organisation, die für die Affen zuständig war und mit der wir im Anschluss ein Interview führten.

Nachdem wir das Gespräch und die Schnittbilder im Kasten hatten, mussten wir direkt zum Flughafen zurück und auf dem Weg dorthin das Material sichern. Daniel verband die

Kamera mit seinem Laptop und den wiederum mit einer externen Festplatte. Ich fuhr den Mietwagen. Aufgrund der großen Datenmenge dauerte die Übertragung so lange, dass wir die Gerätschaften bei der Ankunft am Flughafen noch nicht trennen konnten. Auch am Check-in hielten wir sie immer noch in den Händen. Noch zehn Prozent fehlten. Beim Boarding waren es noch zwei. Daniel wurde nervös.

Ich versuchte, ihn zu beruhigen, und wir waren froh, als endlich das Wort »*completed*« auf dem Bildschirm erschien und die Übertragung abgeschlossen war. Das Material war sicher!

Direkt nach unserer Ankunft in New York ging es an den Schnitt. Daniel hatte dafür ein anderes Programm als das, mit dem ich schneiden gelernt hatte. Also hieß es für mich auch hier: *Learning by doing*. Wir saßen vor dem Bildschirm, bis uns die Augen zufielen. Und selbst dann hörten wir nicht auf. Kaffee und Energiedrinks halfen uns, bis in die frühen Morgenstunden durchzuhalten, denn der erste Rohschnitt musste am nächsten Tag fertig sein.

Als wir das geschafft hatten, schlief Daniel erst einmal lang. Dieser Luxus war mir nicht vergönnt. Denn parallel zu der Assistenz musste ich die Monatsmiete auftreiben, tausend US-Dollar für mein acht Quadratmeter großes Zimmer. Und zudem die Prüfungsleistungen für die Journalistenschule in Hamburg erbringen. Wie ich eine spannende Geschichte aus New York auftun sollte, war mir in dem Moment ein Rätsel. Denn statt New York hatte ich bisher nur Daniels Apartment und Schnittbilder der Affen gesehen.

Zum Glück stieß ich durch Zufall auf eine Story. Als ich meine Vermieterin fragte, wo ich meine Wäsche waschen könnte, erzählte sie mir von der speziellen Situation in New

York: Nur die wenigsten Menschen besaßen eine eigene Waschmaschine. Die Apartments waren oft zu klein oder der Druck zu niedrig, um das Wasser in die obersten Stockwerke zu befördern. Einige wurden auch mit dem Wasser aus den Tanks beliefert, die sich auf den Häusern befanden und das Stadtbild prägten. Die meisten New Yorker gingen also in die Waschsalons oder ließen ihre Wäsche von anderen waschen; eine Arbeit, die meist von Migranten übernommen wurde. Häufig kamen diese aus China – so war es auch in dem Laden, den mir meine Vermieterin empfahl. Er war durch das Zeichen *Chinese Laundry* leicht zu erkennen.

Drinnen roch es nach Wasserdampf und Chemikalien, die für die Fleckenentfernung, sogenanntes *Dry Cleaning*, verwendet wurden. Als Erstes musste ich meine Wäsche wiegen: viereinhalb Kilogramm kosteten acht US-Dollar. Geld, das ich eigentlich nicht hatte. Aber die Zeit, um in einen Waschsalon zu gehen und dort meine Wäsche selbst zu waschen, hatte ich auch nicht. Ich musste zurück zu Daniel, um weiter am Florida-Beitrag zu arbeiten.

Als ich am nächsten Tag meine saubere Kleidung bei der Wäscherei abholte, erfuhr ich, dass es ein mehr als hundert Jahre alter Familienbetrieb war. »Gut für eine Story geeignet«, dachte ich. Da der Abgabetermin bei meiner Journalistenschule jedoch ausgerechnet auf den gleichen Tag wie die Deadline für den Florida-Beitrag fiel, meine erste Fernsehgeschichte, bedeutete das für mich Akkordarbeit. Jeden Morgen um sechs Uhr klingelte mein Wecker. Ich schaltete meinen Laptop ein und fing ohne zu frühstücken an, im Bett zu arbeiten. Als Allererstes checkte ich meine E-Mails, um zu sehen, ob neue Nachrichten von den Print- und Online-Redaktionen gekommen waren. Mehreren hatte ich die Geschichte aus Florida und von der Wäscherei in New York angeboten. Ich hatte es nicht leicht, weil ich noch am Anfang meiner Journalismus-Karriere stand. Entsprechend viele Absagen erhielt ich.

Frustriert ging ich zu Daniel, um am Schnitt weiterzuarbeiten. Er merkte, dass etwas nicht stimmte, und ich erzählte ihm von meinen Geldsorgen und von meiner Angst, dass niemand Interesse an meinen Texten haben könnte. Er munterte mich auf: »Das hat nichts mit dir zu tun.« Selbst er bekomme nach über dreißig Jahren im Job sehr viele Absagen.

Ich gab nicht auf und arbeitete diszipliniert weiter – zusammen mit Daniel am Schnitt und spätabends am Text über die Wäscherei. Schlaf fand ich nur sehr wenig. Genauso wie Zeit, um mit Arjun zu telefonieren. Ich hielt ihn über kurze Textnachrichten auf dem Laufendem und er mich umgekehrt auch. Er erzählte mir, dass der Mitbewohner sehr nett sei, der zur Zwischenmiete in Hamburg in unserer Wohnung wohnte, damit ich dort nicht auch noch Miete zahlen musste. Und ich schrieb Arjun, dass ich nicht wusste, wie ich meine Miete in New York bezahlen sollte. Obwohl ich rund um die Uhr arbeitete. Er versuchte, mich per E-Mail zu unterstützen, aber er kannte sich in dem Metier viel weniger aus als Daniel, der mir riet, noch einmal hartnäckig bei den Redaktionen nachzufragen. Damit hatte ich schließlich Erfolg, denn gleich zwei Wochenzeitungen bekundeten daraufhin ihr Interesse.

Meine erste Miete war gesichert. Meine Auftraggeber waren zufrieden, und auch von der Journalistenschule bekam ich positives Feedback. Und so schrieb ich weitere Geschichten.

Ich arbeitete, um zu überleben. Die Wahrzeichen von New York wie die Freiheitsstatue, das Rockefeller Center und den Central Park lernte ich nur im Vorbeifahren kennen. Die drei Monate vergingen wie im Flug. Trotzdem kehrte ich nicht mit weniger, sondern mit mehr Energie nach Hamburg zurück.

Die praktischen Erfahrungen, die ich in New York gemacht hatte, waren so bereichernd gewesen: Ich hatte einigen deutschen Redaktionen meine Geschichten verkauft, meinen ersten Fernsehbeitrag selbst gedreht und geschnitten. Der Mut, mit dem ich ins kalte Wasser gesprungen war, hatte sich ausgezahlt, und es fühlte sich so an, als ob ich von nun an für alle Herausforderungen gewappnet wäre.

Das war gut, denn die nächste stand bereits an: Ich musste meine Masterarbeit schreiben. Da ich mich, inspiriert von Daniel, der inzwischen wie zu einem Mentor für mich geworden war, mehr mit Umweltthemen beschäftigt hatte, widmete ich mich diesen auch in meiner Arbeit. Ich untersuchte das Potenzial von Online-Kampagnen in Deutschland und arbeitete dafür intensiv mit Greenpeace zusammen. Die Zusammenarbeit funktionierte so gut, dass ich auf freier Basis in der Online-Redaktion anfing.

Als die Kommunikationsabteilung mir dann eine feste Stelle anbot, war es schwer, sie abzulehnen. Doch ich tat es. Zum einen, weil ich gemerkt hatte, dass es viele Wege gibt, um die Welt zu verbessern. Auch wenn das idealistisch klingen mag, glaube ich heute noch daran, dass eine Veränderung möglich ist und dass jeder seinen Teil dazu beitragen kann. Es ist ein langer Prozess, bei dem mir damals schon wichtig war, Menschen nicht zu missionieren, sondern zu informieren.

Und noch viel wichtiger für mich: Ich wollte mich nicht festlegen. Weder auf einen Arbeitsplatz noch auf einen

Wohnort. Oder auf sonstige Dinge, die mich einschränken konnten. Ich wollte mich weiter von meiner Neugierde treiben lassen und, ähnlich wie einst Johann Wolfgang von Goethe, wissen, »was die Welt im Innersten zusammenhält«. So freute ich mich, als Daniel mir wenige Tage später in einer E-Mail schrieb, dass unsere geplante Recherchereise nach Ozeanien klappte. Arjun war abermals traurig. Er spürte wohl schon früher, dass ich mich immer weiter von ihm entfernte. Mir war das gar nicht bewusst. Ich wollte noch mehr Abenteuer.

~

Es ging also ans andere Ende der Welt. So weit war ich noch nie zuvor gereist. Von Hamburg flog ich nach New York. Düste mit einem der gelben Taxis schnell nach Manhattan, joggte im Central Park und freute mich zum Frühstück über einen Bagel mit Frischkäse. Viel mehr aber noch über das Wiedersehen mit Daniel.

Am nächsten Tag flogen wir gemeinsam zu einem Dreh nach Vancouver. Die Kuppen der Berge, die in die Stadt hineinragen, waren mit Schnee bedeckt. Und trotz der Kälte war es herrlich, das Stadtzentrum zu umrunden, das fast komplett von Wasser umgeben ist, weil es sich auf einer Halbinsel befindet. Am nächsten Tag ging es über Los Angeles weiter nach Melbourne. Alles innerhalb von drei Tagen. Mein Zeitgefühl war völlig durcheinander. Aber das machte mir nichts. Ebenso wenig wie der Jetlag.

Auf dem Weg zu unserem ersten Drehort fuhren wir die Great Ocean Road im Süden Australiens entlang. Die Luft flirrte vor Hitze. Der rote Sand legte sich auf unser Auto, das zum Glück klimatisiert war. Es war deutlich heißer als in

Sevilla. Je tiefer wir ins Outback gelangten, desto weniger Menschen sahen wir. Dafür umso mehr Kängurus. Aber leider nur tote, die am Straßenrand lagen. Die Wüste und unser Weg durch sie hindurch schienen unendlich.

Doch auf einmal, nach etwa sechs Stunden, ragten übermannshohe Sandhaufen in allen Erdtönen in den klaren blauen Himmel. Schön aufgereiht waren sie, und die Hügelkuppen glitzerten in der Sonne.

»Es könnte auch eine Fata Morgana sein«, dachte ich und ruckelte an Daniels Schulter, um ihn aufzuwecken. Er hatte die ganze Fahrt über durchgeschnarcht, was mich immerhin wach gehalten hatte.

»Wahnsinn«, sagte er noch total verschlafen.

»Ja, sieht irre aus – glaube, wir sind gleich da.«

Dann sahen wir am Straßenrand einen auf Stelzen gebauten Truck. Darunter ein Schild mit der Aufschrift: Coober Pedy. Wir hatten unser Ziel erreicht. Es war ein lohnenswerter Ort für eine Geschichte, weil sich die Menschen hier seit hundert Jahren ein paar Meter tief in die Erde eingruben. Wohnhäuser, Geschäfte und sogar die Kirche befanden sich unter der Oberfläche, wo das ganze Jahr über angenehme zwanzig Grad herrschten. Der optimale Schutz vor der Hitze des Outbacks. Entstanden war dieses überdimensionale Maulwurfsfeld aus einem anderen Grund. Ein Junge hatte damals einen Opal gefunden, was im Laufe der Zeit immer mehr Menschen aus aller Welt motivierte, ebenfalls auf die Suche nach den kostbaren Steinen zu gehen. »Früher konnte man mit dem Fahrrad in die Wüste fahren und als Millionär zurückkommen«, erzählte uns ein Edelstein-Sucher.

Die Aborigines, die Ureinwohner Australiens, kommentierten die Sucharbeiten damals mit: »*Kupa Piti* – weißer

Mann im Loch«, wodurch Coober Pedy zu seinem Namen kam.

So skurril die Dreharbeiten auch waren – wir nächtigten tatsächlich in einem unterirdischen Hotel –, so anstrengend waren sie. Unter der Erde gab es nur wenig Sonnenlicht zum Filmen und oberhalb zu viel davon, weswegen wir fast vor Hitze zerflossen. Hinzu kamen die Fliegen, die uns und unser schwarzes Kameraequipment beim Filmen ständig belagerten. Vor ihnen und der Hitze konnten wir uns nicht wirklich schützen. Und abschließend mussten wir das Equipment und uns von dem roten Sand befreien.

Der nächste Dreh fand zum Glück nicht in der Wüste statt, sondern außerhalb des australischen Festlands: auf Tasmanien. Die Insel, die im 20. Jahrhundert als Strafkolonie gedient hatte, wirkte unheimlich. Vielleicht, weil ich am Vorabend einen Horrorfilm gesehen hatte, der dort spielte. Oder aufgrund der toten Tiere, die am Wegesrand lagen und auf einem Mini-Friedhof mit kleinen Kreuzen beerdigt wurden. Die Gräber sahen aus wie Maulwurfshügel, doch es waren keine Maulwürfe, die dort lagen, sondern das Wahrzeichen der Insel: der Tasmanische Teufel, der vom Aussterben bedroht ist. Der Grund dafür ist ein infektiöser Gesichtskrebs, den die Tiere durch ihre gegenseitigen Attacken aufeinander übertragen. Da sie gern ihre Zähne fletschen und sich blutig beißen, ihrem Namen also alle Ehre machen, ist die Krankheit kaum aufzuhalten. Dabei sahen sie mit geschlossenen Mäulern sogar niedlich aus, wie kleine Schmusebären mit einem zarten, dünnen weißen Streifen quer über den Körper und mit kleinen Pfoten.

Lange hielten wir uns auf Tasmanien allerdings nicht auf. Nach dem Dreh über ein Museum in Hobart, der Hauptstadt der Insel am östlichen Rand des Indischen Ozeans, flogen wir weiter nach Neuseeland. Dort widmeten wir uns vor allem den Filmen »Der Hobbit« und »Der Herr der Ringe«. Wir wollten herausfinden, welchen Einfluss die Fantasyfilme auf die Insel im Südpazifik hatten, und besuchten deshalb die Drehorte. Wir kamen in Auckland an, wo ich eine gute Freundin, die ich noch aus Bristol kannte, besuchte. Sie erzählte mir, dass ihr Neuseeland gut gefallen würde, es aber schwer für sie und ihren Mann sei, über die Distanz Kontakt zu ihren Freunden und ihrer Familie zu halten. Sie überlegten, sobald sie Kinder hätten, zurück nach England zu gehen, damit sie in der Nähe der Großeltern wären. Das leuchtete mir ein.

Unsere Reise führte uns von Auckland im Norden der Nordinsel weiter ins Inland nach Hobbiton, dem Hauptdrehort für den »Hobbit«, von dem mir vor allem die winzigen, etwa ein Meter großen Häuser, eingebettet in eine Schafweidenidylle, in Erinnerung blieben. Vom südlichsten Punkt der Nordinsel setzten Daniel und ich auf die Südinsel über. Überall sahen wir einen Mix aus grünen Feldern, beeindruckenden Wasserfällen sowie Vulkan- und Fjordlandschaften. Die Szenerie erinnerte mich an Norwegen, wo ich einmal mit Arjun Ferien gemacht hatte.

Da wir beruflich unterwegs waren, hielten Daniel und ich nur zum Filmen an oder wenn wir tanken mussten. Bei der Gelegenheit holte er sich einen Kaffee und *Chocolate Fish*, mit Marshmallow-Masse gefüllte Schokoladenfische, die es ihm angetan hatten und die in der Eile eine gute Alternative zu Daniels Lieblingsspeise waren – Banana Split. Auch für Strandaufenthalte blieb keine Zeit, obwohl sie mir besonders guttaten. An einem Küstenabschnitt wollte ich trotzdem ausstei-

Hosen, Shirts, Schuhe und den Pass nehme ich auf all meine Reisen mit: Meist sind diese mit Arbeit verbunden, und so ist der Laptop in der Regel auch mit von der Partie.

Beinahe alles, was ich besitze, passt in zwei Rucksäcke – der große hat zusätzlich Rollen. Mehr brauche ich nicht, wenn ich unterwegs bin wie hier, am Arnarfjörður in Island.

Die Brooklyn Bridge in New York führt über den East River und verbindet die Stadtteile Manhattan und Brooklyn. In beiden habe ich schon gewohnt.

Für vierzig US-Dollar habe ich mein Rennrad auf einem Flohmarkt in Harlem gekauft. Inzwischen sause ich damit auch durch die Straßen Berlins.

Das Opernhaus am Hafen ist das Wahrzeichen von Sydney. 2011, während meiner Ozeanienreise mit Daniel, erkundete ich die australische Metropole.

Die Zwölf Apostel sind ein Highlight der Great Ocean Road in Australien. Die Kalkfelsen ragen bis zu sechzig Meter aus dem Ozean heraus.

Mit achtzig Kilometern ist der auf der Südinsel gelegene Lake Wakatipu der längste See Neuseelands. Sein nördliches Ufer ist vom Mount Creighton geprägt.

Im Norden Neuseelands brodelt es unter der Erde. Vor allem in Rotorua, wo fast alle Häuser ihre Energie aus geothermischen Quellen beziehen.

Die Landschaft in der Nähe der Kawaru Falls diente – wie viele Orte in Neuseeland – als Filmkulisse für »Der Herr der Ringe«.

Gollum ist eine der Hauptfiguren von J. R. R. Tolkiens Romanen »Der Herr der Ringe« und »Der Hobbit«. Ich traf seinen Doppelgänger in den Weta-Studios in Wellington.

Das Taj Mahal ist Indiens berühmteste Sehenswürdigkeit. Viel besucht ist auch das hinduistische Frühlingsfest Holi, bei dem sich die Feiernden mit Farbpulver bewerfen.

Auf dem Main Bazaar in der Hauptstadt Neu-Delhi tummeln sich Motorroller, Fahrrad- und Auto-Rikschas, wie auf den meisten Straßen Indiens.

Der Zug ist das günstigste Fortbewegungsmittel auf dem Subkontinent und deshalb sehr beliebt bei einem Großteil der 1,3 Milliarden Inder.

Wichtigstes Ritual für jeden Hindu ist es, in Vārānasi verbrannt zu werden. Durch die Bestattung im heiligen Ganges soll der Kreislauf der Reinkarnation durchbrochen werden.

Ob Kreuzberg, Neukölln und Schöneberg in Berlin oder East Village, Fort Greene und Williamsburg in New York. Meine Unterkünfte variieren nicht nur hinsichtlich der Viertel und Orte, sondern auch der Ausstattung: mal mit Gitarre oder Klavier, mal mit Balkon oder Terrasse. Nur Waschmaschinen gibt es selten.

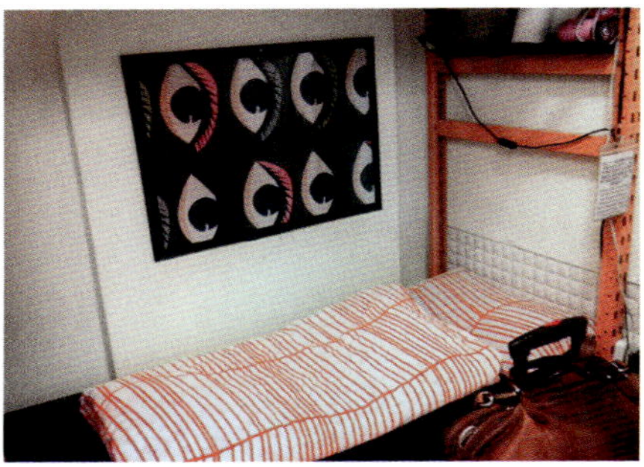

1
2
3
4

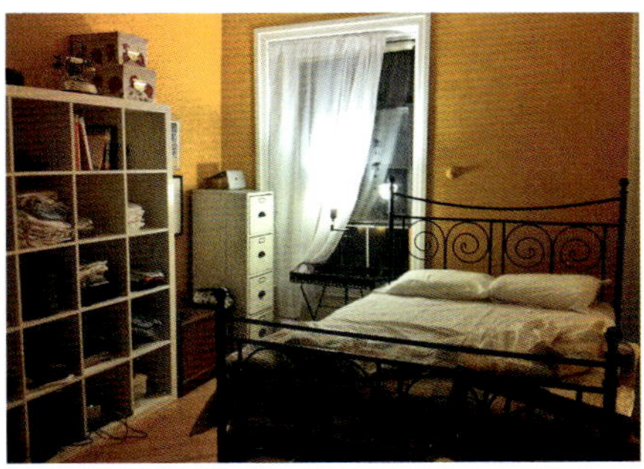

In den Vierteln La Boca und dem nördlich davon gelegenen San Telmo herrscht buntes Treiben. Das merkte ich, als ich 2012 die argentinische Hauptstadt besuchte.

Der Strand Praia do Castelejo liegt versteckt an der Südwestküste Portugals, nicht weit vom Leuchtturm von Sagres, und gehört zu meinen Lieblingsstränden.

Ein Wahrzeichen von Lissabon ist die Straßenbahn Nr. 28; sie rattert auch an Sé, der bedeutendsten Kirche der portugiesischen Hauptstadt, vorbei.

Tavira ist – wie die meisten Orte an der Algarve – von seiner maurischen Vergangenheit geprägt. Überbleibsel aus dieser Zeit sind zum Beispiel die besonderen Schornsteine.

In China wird mit Stäbchen gegessen und häufig auch sehr scharf, wie beim *Hot Pot* in Chongqing. Oft werden rote Lampions zur Dekoration von Restaurants benutzt.

Die Chinesische Mauer, die ursprünglich das Kaiserreich im Norden schützen sollte, ist über 20.000 Kilometer lang. 2013 bin ich einige davon abgelaufen.

Der Ursprung von Kung Fu liegt im Shaolin-Kloster am Berg Song Shan in der Provinz Henan, wo Tausende Schüler die Kampfkunst erlernen.

Ich gehe gern an meine Grenzen. Auch beim Kung-Fu-Training in einem Internat in Peking, wo auch schon Jackie-Chan-Filme gedreht wurden.

2014: Recherchegespräche in Nordindien, unterstützt wurde ich dabei von einer Übersetzerin. Eine willkommene Abwechslung: Ich lernte, indisches Brot – *Roti* – zu backen.

Ruhe in Indien: Fehlanzeige. Egal, wo ich mich aufhielt, war ich stets von Menschen umringt. Auch hier, in einem Dorf in Rajasthan.

Nachhaltige Produkte sind auch in Island nicht leicht zu finden. Die Insel ist berühmt für ihre explosive Landschaft. Mir imponierten besonders die Geysire.

Wenn man an der Steilküste der dünn besiedelten Halbinsel Snæfelsness im Westen von Island entlangspaziert, muss man aufpassen, nicht in den Atlantik zu fallen.

Der Skógafoss im Süden Islands ist mit sechzig Meter Höhe und 25 Meter Breite der größte Wasserfall des Landes und beeindruckte mich bei meinem Besuch 2015.

An vielen Orten auf der Welt wird Street Art zur Meinungsäußerung genutzt. In Lissabon entdeckte ich einen Schriftzug der gut zu meinem Lebensstil passt.

gen, weil dort nicht nur wenige, sondern gar keine Menschen zu sehen waren. Daniel stimmte zu, blieb aber im Auto sitzen und mampfte seine Süßigkeiten. Im Nachhinein die richtige Entscheidung. Denn wenige Minuten nach der Weiterfahrt begann meine Haut zu jucken, und ich merkte, dass mein ganzer Körper zerstochen war. Und das, obwohl ich lange Sachen getragen und mich mit Insektenspray eingesprüht hatte.

Die Nacht wurde für mich zur Hölle. Ich musste alle zwei Stunden aufstehen und duschen, weil ich es vor Jucken nicht aushielt. Insektenstiche war ich vom Reisen gewohnt, aber solche hatte ich noch nie erlebt. Also recherchierte ich nachts im Hostel, was mich gestochen haben konnte, und stieß auf einen Artikel über »*Sandflies* – Albtraum auf Neuseeland«. Da es hieß, dass damit nicht zu spaßen sei, ging ich am nächsten Morgen in eine Apotheke und präsentierte meine geschwollenen Stiche.

»*Sandflies*«, diagnostizierte auch der Apotheker.

»Und jetzt?«, erkundigte ich mich.

»Da kann man nicht viel machen«, sagte er. Ich war entsetzt und machte ein entsprechendes Gesicht.

»Sie scheinen ziemlich stark darauf zu reagieren. Aber: *No worries!*«

»*No worries?*« Ich mochte die entspannte Art der Neuseeländer wirklich gern und hatte sie, wie die der Australier, zu schätzen gelernt. Aber in diesem Moment hatte ich nicht nur Sorgen, sondern vor allem Schmerzen.

»Erdnussbutter könnte helfen, den Juckreiz zu lindern«, sagte der Apotheker.

Ich war mir nicht sicher, ob das ein Scherz oder wirklich ein geheimes Wundermittel war.

Vor lauter Verzweiflung versuchte ich es tatsächlich mit der klebrigen Nusspaste und strich sie mir über meine Wunden. Vergeblich …

~

Mittlerweile hatte ein schweres Erbeben Christchurch erschüttert. Die Stadt an der Ostküste der Südinsel Neuseelands war zwar noch einige Kilometer von uns entfernt, trotzdem hörten wir die Sirenen der Feuerwehr- und Polizeieinsatzwagen. Viele freiwillige Helfer strömten zur zerstörten Stadt. In den Nachrichten sahen wir, dass nach offiziellen Angaben 185 Menschen ums Leben gekommen und etliche Gebäude eingestürzt waren. Auf einen Schlag verloren Hunderte Menschen ihr Zuhause.

Auch Daniel und ich wollten helfen und transportierten im Mietwagen Hilfsboxen zu den Lagern auf der Südinsel. Die meisten dieser Kisten waren gefüllt mit Kiwis, die Frucht, die nicht nur vielerorts in Neuseeland wächst, sondern zudem mit den Inselbewohnern den Spitznamen teilt. Wir waren beeindruckt, wie selbstlos die Einheimischen sich gegenseitig unterstützten.

Sosehr uns das Land und die Menschen gefielen, wir mussten schließlich unseren Rückflug nach New York antreten. Als wir in den Flieger stiegen, machten sich meine Stiche wieder bemerkbar. Meine Füße waren so stark geschwollen, dass ich nicht mehr in meine Schuhe kam, als wir in New York landeten. Ich musste den Flieger barfuß verlassen.

Meine Eltern und Arjun hatte ich inzwischen zwei Monate lang nicht mehr gesehen. Alles, was ich unterwegs erlebte hatte, konnte ich nur durch Fernkommunikation mit den Daheimgebliebenen teilen. Ich schickte in regelmäßigen Abständen Fotos, Nachrichten oder skypte mit ihnen, aber ich merkte, dass uns etwas fehlte, weil ich nicht vor Ort war. Ich vermisste es, sie in den Arm zu nehmen.

Am stärksten wurde dieses Gefühl, als ich zurück in New York war und meine Eltern mir mitteilten, dass Oma Lise im Sterben lag. Sofort rief ich sie an und versprach ihr, dass ich so schnell zu ihr kommen würde, wie ich konnte. Ich buchte meinen Flug nach Deutschland um und erhielt einen neuen, sodass ich nun am Tag nach meinem Geburtstag bei ihr sein würde. Ich rief noch einmal im Krankenhaus bei Oma Lise an. Sie freute sich. »Wie gut, dass ich als Freiberuflerin die Flexibilität habe, meine Termine selbst zu wählen«, dachte ich.

Doch als ich am nächsten Tag auf dem Weg zu Daniel in den Schneideraum war, hatte ich auf einmal ein seltsames Gefühl. Ich dachte an Oma Lise und begann zu weinen. Trotzdem ging ich weiter. Schließlich hatte ich am Abend zuvor noch mit ihr gesprochen. Als ich die Treppen zu Daniels Apartment hochstieg, trocknete ich mir die Augen. Er sah trotzdem, dass irgendetwas nicht stimmte und fragte: »Was ist los? Noch Jetlag?« Eigentlich wusste er, dass ich darunter nie litt.

»Ne, ich glaube, meine Oma ist gestorben«, sagte ich.

»Mach dich nicht verrückt, Ablenkung wird dir guttun.« Wir begannen mit der Arbeit, doch als ich am Abend meine deutsche SIM-Karte in mein Mobiltelefon legte, hatte ich zehn verpasste Anrufe meiner Eltern und eine Sprachnachricht: Oma Lise war gestorben.

Trauriger konnte ich eigentlich nicht mehr werden, dachte ich. Doch als ich meine Eltern anrief und sie mir erzählten, dass mein Großvater plante, die Beerdigung auf meinem Geburtstag zu legen, brach ich in Tränen aus. Ich hatte mich nicht von der lebenden Oma Lise verabschieden können und nun sollte ich es nicht einmal schaffen, der Toten Lebewohl zu sagen. Ich war fassungslos. Verzweifelt. Mein Vater versuchte alles, um dieses Unheil abzuwenden. Wieder mit Erfolg. So stieg ich an meinem Geburtstag in den Flieger nach Deutschland. Auf meine Sitzplatznummer achtete ich diesmal gar nicht. Ich war mit meinen Gedanken bei Oma Lise.

# Innehalten

Als ich in Hamburg ankam, holte mich Arjun wie immer vom Flughafen ab. Die Freude über unser Wiedersehen wurde von der Trauer über den Tod meiner Oma Lise überschattet. Das tat mir leid, aber ich konnte es nicht ändern. Wir fuhren direkt an die Nordsee. Die roten Klinkerbauten wirkten trist, und das Krächzen der Möwen ging mir auf die Nerven. Sie lagen blank.

Auf der Beerdigung erzählten einige Familienangehörige von den letzten Stunden, die sie mit Oma Lise verbracht hatten. Es brach mir das Herz, sie nicht noch einmal gesehen zu haben und alle so trauern zu sehen. Auch meine Mutter, die versuchte, mich zu trösten, und mir den goldenen Ring von Oma Lise übergab. Seitdem trage ich ihn. Als Symbol dafür, dass sie immer bei mir ist.

Oma Lise hatte mir zu Lebzeiten so viel Kraft gegeben und immer an mich geglaubt. Ich erinnerte mich gern daran, wie sie jedes Mal, wenn ich an mir zweifelte, zu mir kam und mir gut zuredete. In solchen Momenten riet sie mir, mich vor den Spiegel zu stellen und laut zu sagen: »Du schaffst das!« So banal es klang, es half wirklich, und bis heute mache ich das noch.

Ich machte mir Vorwürfe, dass ich vor ihrem Tod nicht für sie dagewesen war. Lag es daran, dass ich zu beschäftigt damit war, die Welt zu entdecken? Oder sollte es vielleicht so passieren, damit ich begriff, dass ich innehalten musste?

Der Kummer und der Stress hatten ihre Spuren hinterlassen. Mein Körper verordnete mir eine Auszeit. Ich musste mich einen Monat schonen, so die Ärzte, und meinen Rückflug nach New York umbuchen. Den Monat hätten Arjun und ich für uns nutzen können. Doch er war im Theater-Kosmos gefangen und hatte keine Zeit. Alles war beim Alten. Die Leute, das Wetter und die Stadt. Dass Hamburg eine Großstadt sein sollte, konnte ich nicht mehr verstehen, nachdem ich in New York gelebt hatte. Mir fehlte die amerikanische Multikulti-Metropole, in der die Menschen weltoffen waren und sich fast jeden Tag neu erfanden. In New York musste ich nur in die Subway steigen, um in eine andere Welt einzutauchen. Je nach Viertel traf ich auf verschiedene Kulturen: In Williamsburg lebten streng orthodoxe Juden, die ich wie in Israel an der schwarzen Kluft und den Schläfenlocken erkannte. In Queens lebten Inder, in Harlem viele Afroamerikaner. Nach einem Monat hielt mich nichts mehr in Hamburg. Ich flog zurück nach New York.

~

An einem meiner ersten Tage kaufte ich mir auf einem Flohmarkt in Harlem für umgerechnet etwa 35 Euro ein italienisches Rennrad. Es war in einem schlechten Zustand. Noch nicht einmal die Bremsen funktionierten. Bei meiner Jungfernfahrt die 5th Avenue hinunter musste ich mit meinen Hacken bremsen. Ich fuhr bis ins East Village, wo es den einzigen Laden in der Stadt gab, der mein Rad wieder verkehrstauglich machen konnte.

Fahrradfahren war in New York damals eine Seltenheit, weswegen es kaum Wege und keine Regeln gab. Die meisten nutzten Taxis oder die Subway. Letztere fiel zu später Stunde häufig aus, weshalb man dann ein Taxi nehmen musste. Die einzige Option spätabends, um von Manhattan nach Brooklyn zu kommen oder umgekehrt. Das war auf Dauer zu teuer für mich, und deswegen fuhr ich nun eben mit dem Fahrrad. Anfangs wurde ich oft durch Schlaglöcher oder Taxitüren gestoppt, fand aber schnell Gefallen an der umweltfreundlichen und flexiblen Verkehrsalternative.

Als ich meinen Eltern davon erzählte, machten sie sich Sorgen um meine Sicherheit. Das hätte meine Oma Lise bestimmt auch, dachte ich und schaute auf den Ring an meiner linken Hand, die sich am Lenkrad festkrallte, während ich über die Williamsburg Bridge radelte. Ihr hätte es aber gefallen, dass ich das Fahrrad auf dem Flohmarkt erworben hatte.

Geld war wirklich ein Faktor in dieser Stadt. Ich musste viel arbeiten, um zu überleben, und da die Mieten in New York so hoch waren, konnte ich nicht wählerisch sein. Aber Zwischenmieten waren für mich sowieso die beste Option bei meinen vielen Reisen. Auch wenn das hieß, dass ich häufig umziehen musste. Einige Freunde meinten, ihnen wäre das zu lästig, doch ich fand es schön, weil ich so die Stadt intensiv kennenlernte.

Es entstanden neue Freundschaften und ein Netzwerk, das mir zu weiteren Zwischenmieten verhalf. Tatsächlich musste ich nur die allererste Wohnung über eine Anzeige im Internet finden, alle anderen Wohnungen bezog ich auf Empfehlung von Freunden.

So tingelte ich durch die Stadt von Williamsburg nach Park Slope in Brooklyn, von dort nach Hell's Kitchen in Manhattan und weiter ins East Village. Jede Wohnung war anders, aber ich fand das spannend. In einer gab es sogar eine Waschmaschine, sodass ich erstmals nicht in den Waschsalon musste. In einer anderen gab es einen Entsafter – ich holte mir frisches Obst vom Straßenhändler und machte mir selbst Smoothies. In der nächsten Bleibe gab es gar keine Küchengeräte, weshalb ich die umliegenden Cafés frequentierte, um einen Flat White zu trinken und die *New York Times* zu lesen, die ich mir unterwegs besorgte. Ich fühlte mich schnell wohl, egal, in welchem Zimmer ich schlief, und ich mochte mein New Yorker Leben voller Abwechslung. Es war bereichernd, inspirierend und frei.

Als Arjun mich besuchen kommen wollte, fühlte ich mich allerdings in meiner Freiheit bedroht. Ich machte mir Gedanken, ob er mit der Einfachheit meiner Unterkünfte klarkommen würde. Das fing schon damit an, dass ich mir unsicher war, ob er in mein Bett passen würde oder es – weil er fast zwei Meter groß war – nicht vielleicht zu klein für ihn wäre. Und ob sechs Quadratmeter ohne Fenster zu eng und zu anstrengend für uns beide wären.

Und so war es dann auch. Arjun bekam Platzangst. Das Gefühl, dass er nicht in mein New Yorker Leben »hineinpassen« würde, bestätigte sich im wahrsten Sinne des Wortes. Aber auch im übertragenen Sinne: Auch mir war es zu viel, dass Arjun mir plötzlich wieder so nah war. Ich hatte mich emotional von ihm entfernt, weil ich nicht mehr so viele reale Erfahrungen mit ihm geteilt hatte. In meinem New Yorker Leben, das überwiegend aus Arbeit bestand, war kaum noch Platz für ein Privatleben mit Arjun. Mir wurde bewusst, dass es vor allem an mir lag, dass es zwischen uns nicht mehr funktionierte. Ich hatte mich verändert. Was ich Arjun früher angekündigt hatte, setzte ich hier in New York und auf meinen Reisen in die Tat um: Ich gab alles dafür, meine Träume zu leben. Sofort und vollkommen.

»Ich finde das spannend«, sagte Arjun. Aber mit diesem Tempo auf Dauer mitzuhalten, war auch anstrengend für ihn, das merkte ich. Als Arjun und Daniel sich begegneten, mochten sie sich nicht besonders. Und das, obwohl sie beide gelassene Typen und mir sehr wichtig waren. Das gab mir zu denken. Wahrscheinlich lag es daran, dass Daniel und ich die Welt entdecken wollten, aber ansonsten wenig Ansprüche stellten. Arjun konnte sich viel eher auf seinen heimischen Kosmos beschränken. Früher, als wir uns kennengelernt hatten, war es mir ähnlich gegangen, und ich war zufrieden mit meinem Umfeld gewesen. Inzwischen wusste ich, wie viel es zu entdecken gab und wie bereichernd die Erfahrungen waren, die ich auf meinen Reisen sammelte.

Ich sprach mit Arjun darüber, weil ich unsere langjährige Beziehung nicht einfach aufgeben wollte. Neben meinen Eltern und Daniel war Arjun einer der wenigen Menschen in meinem Leben, die mir Sicherheit gaben. Ich hoffte, dass uns eine gemeinsame Reise wieder zueinanderführen würde. Ich schlug vor, dass wir an einen Ort fuhren, an dem ich noch nie gewesen war, den Arjun aber kannte. Nach Indien, in die Heimat seiner Mutter.

~

Wir starteten in Neu-Delhi, der Hauptstadt des Subkontinents, und wohnten bei Arjuns Verwandten. Nach unserer Ankunft gab es ein Festmahl, wie ich es noch nie zuvor erlebt hatte. Als Erstes bekamen wir *Papadam*. Die dünnen, krossen Fladen sahen aus wie große Cracker. Arjun erklärte mir, dass sie aus Linsenmehl gemacht und frittiert werden. Am besten schmeckten sie zusammen mit den *Chutneys*, die in kleinen, runden silbernen Gefäßen auf dem Tisch standen. Die Auswahl reichte von süß-saurem Mango- über würziges Minz- bis hin zu feurig-scharfem Chili-Chutney.

Und das war erst der Anfang. Bald standen sechs Kupfertöpfe auf dem Tisch: *Bhindi Masala, Aloo Gobi, Daal Bukhara, Chicken Tikka, Palak Paneer* und *Shakahari Pulao*. Letzteres war gedünsteter Basmatireis mit Gemüse und Cashewkernen, erklärte Arjun mir und stellte die Schale, genau wie den Topf mit safrangelber Soße, vor meinen Teller. »Das mildeste Gericht«, sagte er, »daran solltest du dich halten.« Doch selbst das war für mich viel zu scharf, weswegen ich immer wieder zu meiner Mango-Schorle griff. Am liebsten hätte ich gleich nach einem weiteren Glas gefragt. Doch aus Höflichkeit ließ ich es und versuchte, mir das Getränk bestmöglich einzuteilen. Arjun merkte, dass ich zu kämpfen hatte, gab mir einen Schluck von seinem *Lassi*, einem Joghurt-Getränk, und empfahl mir, etwas Fladenbrot und Joghurt mit Knoblauch und Gurke dazu zu essen. Zum Nachtisch gab es *Gulab Jamun*, frittierte Teigbällchen mit aromatisiertem Zuckersirup, und vor dem Schlafengehen noch etwas *Chai*, indischen Gewürztee, der mit Milch und Zucker zubereitet wird.

»Das war zu viel für meinen Bauch«, merkte ich. Die Nacht verbrachte ich auf der Toilette, und am Morgen blieb ich im Bett liegen.

»Magenprobleme sind in Indien normal«, sagte Arjun und entschuldigte mich mit »Delhi Belly« bei seiner Familie.

Zwei Tage später war ich wieder fit, und wir konnten endlich die Stadt erkunden: Es war drückend heiß, laut und dreckig. An den Straßenrändern sammelte sich der Müll, von dem in der Hitze ein stechender Gestank aufstieg. Auch die Abgase der Motorräder und dreirädrigen Auto-*Rikschas*, die an uns vorbeiratterten und pausenlos hupten, trugen zur Luftverschmutzung bei.

Nach einer Stunde waren wir so erschöpft, dass wir in eine Fahrrad-*Rikscha* einstiegen – auch um endlich Ruhe vor den Angeboten der Fahrer zu haben, die uns die ganze Zeit über bedrängt hatten. Bei der Armut, die wir auf den Straßen sahen, konnte ich ihre Hartnäckigkeit verstehen. Sie kämpften mit jeder Fahrt um ihr Überleben.

Als wir das Rote Fort, Lal Qila, erreichten, hörte die Belästigung allerdings nicht auf. Ständig wurden wir angehalten, weil jemand mit uns, bevorzugt mir, ein Foto machen wollte. Mir war bewusst, dass ich mit meinen blonden Haaren und blauen Augen exotisch auf die Menschen in Indien wirken musste. Also taten wir ihnen den Gefallen. Doch einmal angehalten, waren wir gefangen und kamen gar nicht wieder los. Eine Schar von Menschen hatte sich um uns versammelt, um uns zu fotografieren. So schnell wie möglich verließen wir das Fort und liefen zur Jama Masjid, der größten Moschee Indiens. Auf dem Weg dorthin schlugen wir uns durch das Gewusel der engen Altstadtgassen. Sie waren voll mit Straßenhändlern, die uns alle etwas verkaufen wollten. In der Moschee war es ruhig. Männer und Frauen wurden getrennt gehalten. So wie vielerorts in Indien, wie ich später feststellte.

Wir reisten weiter nach Vārānasi. Für gläubige Hindus die heiligste Stätte überhaupt, weil sie sich dort im Fluss Ganges von ihren Sünden reinwaschen können. Ihr oberstes Ziel ist es, nach ihrem Tod am Ganges verbrannt zu werden: In der hinduistischen Mythologie ist dies die einzige Möglichkeit, die Reinkarnation zu umgehen. Es war einerseits spannend, das alles mitzuerleben, aber auch furchtbar, so viele Leichen, die in Flammen gesetzt werden, zu sehen. Ich hatte das Gefühl, dem Tod ins Auge zu blicken. Und das schlug mir offenbar auf den Magen, denn auf einmal hatte ich wieder extreme Beschwerden. Und es war schlimmer als der *Delhi Belly*. Im Hostel rief man mir einen Arzt, mit dem die Kommunikation allerdings nicht einfach war. Der Hostelangestellte versuchte zu übersetzen. Auf Englisch mit starkem Akzent erklärte er uns, dass die Medikamente, die wir aus Europa mitgebracht hatten, in Indien nicht wirken würden. »In Indien gibt es andere Bakterien«, sagte der Arzt, »und die können nur mit indischen Medikamenten bekämpft werden.« Dann zückte er eine Spritze mit der wohl größten und dicksten Nadel, die ich je in meinem Leben gesehen hatte. »Wenn du die nicht nimmst, könntest du sterben«, übersetzte der Hostelangestellte die Worte des Arztes. Ich erschrak, aber es schien, als ob ich keine Wahl hatte. Der Stich schmerzte so sehr, dass ich laut aufschrie. Danach schlief ich ein. Es kam mir vor wie ein Rausch.

Als ich aufwachte, ging es mir viel besser, und ich realisierte, dass meine Lage wahrscheinlich gar nicht so dramatisch gewesen war, wie der Arzt es hatte aussehen lassen. Vielleicht war es einfach seine Art, mir zu erklären, dass ich meine Hausapotheke zu Hause lassen sollte. Das tat ich auf meinen nächsten Reisen in exotische Länder auch.

Ich lag allein im Hostelzimmer, denn ich hatte Arjun rausgeschickt. Zwar war ich froh, dass er Hilfe geholt hatte. Aber ganz anders als in Sevilla brachte uns das Erlebnis in Vārānasi nicht näher zueinander, sondern ich spürte, dass ich lieber allein war, wenn es mir schlecht ging. Ich hatte mich an das Alleinsein gewöhnt. Auch Arjun bemerkte das. Trotzdem reisten wir weiter in den Süden nach Tamil Nadu zu seiner Familie, wo ich mir nicht anmerken lassen konnte, das zwischen uns etwas nicht stimmte. Auch als wir weiter nach Kerala fuhren, fühlte ich mich nicht richtig frei. Gemeinsam lagen wir dort am Strand, und ich merkte, dass der größte Unterschied zwischen Arjun und mir darin bestand, dass ich für ein Abenteuer gern den ausgetretenen Pfad verließ, während er am liebsten den Weg mit dem wenigsten Widerstand beschritt. Ich erzählte ihm davon. »Aber das war doch schon immer so«, sagte Arjun. Damit hatte er recht, trotzdem war der Unterschied in den vergangenen Jahren noch viel deutlicher geworden, erklärte ich ihm. Für mich ließen sich unsere beiden Lebensweisen nicht mehr miteinander vereinbaren. Das sagte ich ihm zwar nicht, aber ich fand es deswegen auch nicht schlimm, dass Arjun nach unserem Besuch in Kerala wieder zurück nach Hamburg musste, weil die neue Spielzeit am Theater bald anfing. Ich selbst wollte noch länger in Indien bleiben, um in einen Ashram zu gehen.

»Es war schön mit dir«, sagte Arjun zum Abschied.

»Ja, aber ich freue mich jetzt auch auf den Ashram, um dort Raum für mich zu haben«, sagte ich.

»Und ich freue mich auf die neue Spielzeit«, sagte Arjun.

Jeder von uns machte auf seine Weise weiter.

~

Arjun flog zurück, und ich fuhr mit dem Zug die Backwaters, ein von Palmen gesäumtes Wasserstraßennetz im Hinterland der Küste von Kerala entlang. Der Ashram lag idyllisch zwischen dem Arabischen Meer und einem Wasserarm der Backwaters. Letzteren überquerte man auf einer Holzbrücke. Als ich deren Mitte erreichte, sah ich aus dem Meer von Palmen, welche die Küste säumten, drei pinke Hochhäuser in den Himmel ragen. Ein klosterähnliches Meditationszentrum hatte ich mir anders vorgestellt. Als ich schließlich vor einem Tempel mit hinduistischen Gottheiten an der Fassade stand, wuselten enorm viele Menschen, alle in Weiß gekleidet, um mich herum. Eine Frau forderte mich auf, wie alle anderen Bücher in den Tempel zu tragen. Da ich noch mein ganzes Gepäck dabeihatte, nahm ich nicht einen ganzen Karton wie die anderen, sondern nur eine Handvoll und lief damit in den Tempel. Dort ging ich zur Anmeldung, wo mir mein Zimmer zugeteilt wurde. Es befand sich in einem der Hochhäuser, die ich von Weitem gesehen hatte, und war nicht mal zehn Quadratmeter groß. Damit bot es zwar mehr Platz als manche meiner Bleiben in New York, aber ich teilte es mir mit einer Frau aus Russland, ihrer Tochter und einer Frau aus den Niederlanden. Letztere schlief unter mir im Etagenbett. Die Sanitäranlagen benutzten wir mit den anderen über 3500 Bewohnern des Ashrams. Alles war sehr reduziert, der Standard eher unter dem einer Jugendherberge. Aber das war in Ordnung für mich, denn ich hatte mich ja bewusst für den Besuch des Ashrams entschieden. Auf meinen Reisen hatte ich gemerkt, dass ich sehr gut auf Dinge verzichten konnte. Nun wollte ich sehen, wie es sich anfühlte, wenn alle, die mich umgaben, ebenfalls Verzicht übten. Weil bei mir die Reduzierung zu Ruhe geführt hatte, erhoffte ich mir diese auch vom Ashram.

Doch das Gegenteil war der Fall. Jeder Tag begann um vier Uhr morgens mit Sprechgesang, der über das ganze Gelände des Ashrams hallte. Im Anschluss zwei Stunden Meditation, zu der ich mich eher quälen musste, weil ich noch so müde war. Das Frühstück nach der Meditation wurde von den Bewohnern auf abwaschbarem Metallgeschirr ausgegeben. Alle, die hier wohnten, wechselten sich damit ab. Auch das war kein Problem für mich, denn einfaches Essen und Geschirr machten mir nichts aus. Und selbst mit anzupacken war ich ebenfalls gewohnt.

Nach dem Mittagessen gab es wieder Meditation und eineinhalb Stunden *Bhajans* – Gesang zur Verehrung der Gottheiten. Das war nichts für mich, da ich nicht religiös bin. Außerdem störte mich der Kult, der um die spirituelle Leiterin des Ashrams gemacht wurde. Der weibliche Guru war durch Puppen, Fotos, Schlüsselanhänger und vieles mehr omnipräsent. Die Einnahmen kamen sozialen Zwecken zugute. Und jeder sollte sich drei Stunden vor und nach dem Mittagessen einer sozialen Aufgabe widmen. Aber ich empfand den Ashram als nicht besonders sozial – zumindest nicht, was den Austausch anging. Denn mit vielen hier konnte ich gar nicht reden, weil sie ein Schweigegelübde abgelegt hatten, und von den Einheimischen im benachbarten Dorf sollten wir uns möglichst fernhalten. Mir sagte das überhaupt nicht zu, und ich überlegte, meinen Aufenthalt vorzeitig abzubrechen.

Ich habe kein Problem mit Regeln im Allgemeinen und auch nicht damit, mich zu beschränken. Aber diese Beschränkungen müssen Sinn machen. Für mich bedeutet Loslassen und Verzicht etwas anderes. Ich möchte die Dinge weglassen, die ich nicht brauche, und mich nicht sinnlos limitieren, also auf sozialen Kontakt, Schlaf oder Nahrung verzichten. Für manche mag das Konzept des Ashrams funktionieren. Meine holländische Zimmernachbarin blieb einen

Monat dort. Aber ich verließ ihn schon nach drei Tagen und verbrachte die Woche bis zum Abflug in einer einfachen Hütte am Strand.

~

Zurück in Deutschland fühlte ich mich auch nicht wohl. Anders als Arjun. Er hatte seinen Alltag zurück, für ihn war das Reisen die Ausnahme. Für mich war es zu meinem Leben geworden. Hamburg war nicht mehr mein Zuhause, und Arjun und ich hatten uns auseinandergelebt. Wir trennten uns und mussten einander loslassen. Also beschloss ich, sofort wieder meine Koffer zu packen und nach Buenos Aires zu reisen. Nach Südamerika hatte ich schließlich gewollt, seitdem ich in Sevilla gewesen war. Dass ich ein wenig atemlos war und vielleicht erst einmal hätte zur Ruhe kommen sollen, merkte ich nicht. Anscheinend hatte ich in dem Moment auch verdrängt, was für einen Stellenwert Arjun in meinem Leben gehabt und welchen Halt er mir gegeben hatte.

Als Abflugsort wählte ich diesmal Frankfurt, um meine Eltern noch einmal zu sehen. Sie freuten sich sehr, obwohl die Abschiedsszenen sie nach wie vor mitnahmen. Weil sie für meine Mutter zu aufreibend geworden waren, brachte mich mein Vater allein zum Flughafen. Nachdem ich mein Gepäck eingecheckt hatte, nahm er mich noch einmal fest in den Arm. Er hatte Tränen in den Augen. Doch ich musste weiter zur Sicherheitskontrolle. Ich drehte mich noch einmal um und sah meinen Vater durch die Glasscheibe. Ein großer, kräftiger Mann, an dessen Wangen die Tränen herunterkullerten. Da bekam auch ich feuchte Augen. Zum Glück sah er das nicht, und ich winkte ihm noch ein letztes Mal. Dann musste ich zum Gate, um meinen Flug nicht zu verpassen. Diesmal saß ich wieder auf Platz 13F. Ich schaute aus dem Fenster und weinte. Ich wusste nicht, warum.

~

Nachdem ich in Buenos Aires angekommen war, war ich immer noch traurig. Eigentlich hätte ich mich in einer so wunderschönen Stadt doch unbeschwert fühlen sollen. Aber das Gegenteil war der Fall. Als ich an den Kolonialbauten an der Casa Rosada, dem rosafarbenen Präsidentenpalast von Argentinien, entlangschlenderte, konnte ich die Schönheit nicht genießen. Ich fühlte mich leer und lief zum Flohmarkt von San Telmo, einem Stadtteil, wo die vielen Altbauten zum Großteil unter Denkmalschutz stehen. Dort wurde ich noch missmutiger, weil das Verlangen, meine schlechte Stimmung durch den Kauf neuer Dinge zu kompensieren, auf einmal verschwunden war.

Das war eine ganz neue Erfahrung für mich – bis vor nicht allzu langer Zeit hatte ich doch immer gern und viel geshoppt. Klamotten, Schmuck, Schminke und Softdrinks. Doch in den vergangenen Monaten hatte ich wenig Zeit und wenig Geld für Einkäufe gehabt. In Indien hatte ich zudem erlebt, wie die Menschen ohne viel Besitz gut leben konnten. Ich ging zurück in das Apartment, das ich über Freunde zur Zwischenmiete bekommen hatte. Dort setzte ich mich hin und starrte auf meinen Koffer und meine Reisetasche. Beide Gepäckstücke hatte ich nicht ausgepackt, da ich den Flohmarkt nicht hatte verpassen wollen. Ich hatte wie immer, wenn ich irgendwo ankam, zuerst ein paar Impressionen aufsaugen wollen. Diesmal konnte ich das nicht.

Vielleicht lag es daran, dass ich nicht mehr viele Menschen hatte, mit denen ich meine Erlebnisse teilen konnte. Ich hatte Oma Lise verloren. Auch Arjun musste ich loslassen. Ich fühlte mich leer, entwurzelt und einsam. Mir wurde klar, dass Freiheit auch mit sehr viel Einsamkeit verbunden war. Und das nicht nur für mich, sondern auch für meine Liebsten. Ich erinnerte mich an die Abschiede von meinen Eltern und Freunden. Sie hatten sich daran gewöhnt, dass ich immer unterwegs war. Aber fanden sie es so gut wie ich? Mich plagte das schlechte Gewissen. Etwa so wie nach dem Tod von Oma Lise.

War mein Lebensstil selbstlos oder eher selbstsüchtig? Beides lag eng beieinander. Selbstsüchtig wollte ich nicht sein. Ich musste wieder näher zu den Menschen, die mir wichtig waren. Hier in Buenos Aires war ich zu weit von ihnen entfernt. »Europa ist ein guter Standort«, dachte ich und buchte meinen Flug um. Statt der geplanten drei Monate verließ ich Buenos Aires schon nach einer Woche. Wie beim Ashram verkürzte ich meinen Aufenthalt aus einem ähnlichen Grund: Es mangelte mir an sozialen Kontakten, und darauf wollte ich nicht verzichten.

Mir war zwar klar, dass mein zielloses Durch-die-Welt-Jetten nicht gut für die Umwelt war, aber dieses Bewusstsein wurde überlagert von der Flucht vor mir selbst. Ich war nicht im Reinen mit mir und suchte die Lösung dafür in neuen Reisezielen. Damals wollte ich mir nicht eingestehen, dass ich nicht selbstlos, sondern eher orientierungslos und irgendwo auch selbstsüchtig war.

Irgendwann musste ich feststellen, dass das Umherziehen zwischen den Kontinenten mich nicht weiterbrachte. Ganz im Gegenteil: Ich wurde immer einsamer. Außerdem belastete es mich finanziell sehr. Mit dem neuen Extraflug von Buenos Aires aus hatte ich meine geringen Rücklagen aufgebraucht.

~

Ich flog nach Lissabon, um dort Freunde zu besuchen. Einer von ihnen holte mich vom Flughafen ab. Wir fuhren direkt ins Barrio Alto, das Kneipenviertel in der Altstadt von Lissabon. Dort setzten wir uns draußen in eine Bar, die ihre Tische auf die Stufen der engen Gassen gestellt hatte, und tranken Rotwein. In der Ferne hörte ich leise *Fado*. Der melancholische Gesang passte zu meiner Stimmung, und es tat gut, meinem Freund davon zu erzählen. Danach zogen wir weiter, und ich lernte seine Freundinnen kennen. Eine davon war Ana, die mir anbot, bei ihr einzuziehen. Schnell machte ich viele neue Bekanntschaften, was keine Selbstverständlichkeit ist in Portugal. Die Menschen dort sind zwar offen, aber verhaltener als in anderen südeuropäischen Ländern wie Italien oder Spanien. Das könnte daran liegen, dass die Portugiesen über vierzig Jahre von der Politik António de Oliveira Salazars geprägt wurden, dessen autoritäre Diktatur erst 1974 mit der Nelkenrevolution beendet wurde. Sie verlief bis auf vier Tote verhältnismäßig entspannt. Typisch für Portugal. Dort wird vieles gelassener gesehen als andernorts.

»*Com calma* – in aller Ruhe«, hörte ich ständig. Das kann einen, wenn man die deutsche Mentalität gewohnt ist, erst einmal sehr irritieren. Mir tat das in meiner Situation sehr gut. Genau wie die Tatsache, dass die Tage wie in vielen südeuropäischen Ländern später begannen und endeten und das Leben draußen in der Sonne stattfand.

Das Licht wurde in Lissabon von den vielen kleinen weißen Pflastersteinen reflektiert, von den hellen Gebäuden und vor allem vom Tejo und dem Meer, in das er mündet. An dem Fluss konnte ich entlangjoggen, und wenn es zu heiß wurde, wich ich unter die Palmen aus. Oder ich fuhr mit dem Zug zum Strand. Meist tat ich das mit Freunden, und weil ich mich so wohl mit ihnen fühlte, wurden aus den geplanten zwei Tagen schnell drei Monate Lissabon. Selbst meinen Geburtstag feierte ich dort. Die bedrückte Stimmung aus Buenos Aires geriet in Vergessenheit, und erst als Arjun mich wegen der Wohnungsauflösung kontaktierte, flog ich zurück nach Hamburg. Ich trennte mich von unserer gemeinsamen Vergangenheit und vor allem auch von fast meinem kompletten Besitz. Danach ging es schnell zurück nach Portugal.

~

Zunächst änderte sich für mich nicht viel. Ich hatte zwar keine Möbel und keine Wohnung mehr, aber da ich zuvor schon auf Reisen gewesen und ohne viel ausgekommen war, spürte ich den Unterschied nicht. In wohnte in der gleichen WG in Lissabon wie zuvor. Diesmal aber nicht auf dem Ausklappsessel in der Abstellkammer, die hatte Ana inzwischen zum Büro umfunktioniert, sondern in dem Durchgangszimmer. Ana fragte mich, ob ich nicht ein WG-Zimmer mieten wollte. Ich ging laufen, um darüber nachzudenken. Der Wind wehte mir ins Gesicht, ich atmete tief ein und blickte in den Himmel. Dann spürte ich, dass ich mich ab jetzt jeden Augenblick für oder gegen etwas entscheiden konnte, weil ich keine Wohnung mehr hatte. Ich konnte jeden Moment losziehen und mir einen neuen Lebensmittelpunkt suchen.

Diese Freiheit wollte ich nicht mehr aufgeben und entschied ich mich gegen ein WG-Zimmer. Ich wollte mich nicht festlegen, wie lange ich in Portugal blieb. Dafür nahm ich auch die neue Wohnsituation in Kauf: Ich wohnte im eigentlichen Wohnzimmer, an das drei weitere Räume angeschlossen waren. Zum Schlafen musste ich täglich das Sofa auf- und abbauen. Auspacken konnte ich nicht, so lebte ich aus dem Koffer. Aber es machte mir nichts, auf den Komfort zu verzichten, wenn ich dafür an Freiheit dazugewann.

Nur vom Geld war ich nicht befreit, denn meine Miete musste ich auch so zahlen und entsprechend viele Geschichten schreiben und verkaufen.

Als ich mich dafür mit Portugal beschäftigte, realisierte ich, dass meine Entscheidung, fast mein komplettes Hab und Gut loszulassen, ein Privileg war. Denn ich hatte es freiwillig getan. Anders als ein Großteil der Menschen in Portugal, die sich durch die Wirtschaftskrise sehr einschränken mussten.

Die portugiesische Regierung hatte sich zu einem rigiden Sparprogramm verpflichtet, um ein Milliarden-Euro-Rettungspaket von der EU-Kommission, der Europäischen Zentralbank und dem Internationalen Währungsfonds bewilligt zu bekommen. Die Staatsverschuldung – damals über hundert Prozent des Bruttoinlandproduktes – stieg, genau wie die Arbeitslosigkeit, und die Wirtschaft schrumpfte.

Für mich war es ein Grund, meinen Aufenthalt in Portugal noch weiter zu verlängern. Denn ich konnte darüber berichten. Ich fuhr mit dem Zug in den Norden nach Porto. In der zweitgrößten Stadt, direkt am Douro gelegen, reihten sich ähnlich wie in Lissabon alte Häuser dicht an dicht im Zentrum aneinander. Doch die Farb- und Keramikfassaden funkelten nicht so schön in der Sonne wie in der Hauptstadt. In Porto wehte eine starke Brise, viele der schönen *Azulejos*, der Kacheln, fehlten, und die Farbe bröckelte. Fenster waren zugemauert und mit Holzläden verschlossen. Ein Großteil der Häuser unbewohnt. Ein trauriger Anblick. Ein Zeichen der Krise.

Aber gerade wegen dieser Umstände war es für mich günstiger, in Portugal zu leben als in den USA. In Lissabon zahlte ich nur ein Fünftel der Miete: zweihundert Euro statt zwölfhundert US-Dollar in New York. Zudem waren in Lissabon die Lebenshaltungskosten erheblich geringer – ich kam mit viel weniger Arbeit aus und gewann noch mehr Freiheit, in Form von Zeit, die ich mit meinen Freunden verbringen konnte. Und das war genau das, wonach ich mich in Buenos Aires so gesehnt hatte. Das war nun noch klarer. Es ging mir besser. Auch die Nähe zu Deutschland war ein wichtiger Punkt. Wenn ich meine Eltern und andere Freunde dort allzu sehr vermisste, dann konnte ich hinfliegen.

Einen Haken hatte die Sache allerdings. Denn sosehr ich die Menschen um mich herum genoss, so sehr begann mich die Enge in meinem Wohnumfeld allmählich zu stören. Einer meiner Mitbewohner aus Spanien, der für sein Erasmus-Jahr in Lissabon war, brachte fast jede Nacht eine Dame mit nach Hause. Das war sowohl unangenehm für die jungen Frauen als auch für mich. Denn ich fühlte mich beobachtet, und die Besucherinnen waren überrascht, dass dort bereits eine andere Frau auf dem Sofa lag. Nachdem mein Mitbewohner ihnen die Situation erklärt hatte, verschwanden sie beruhigt in seinem Zimmer und amüsierten sich. Für mich war das alles andere als ein Vergnügen. Auf Dauer wurde die Rolle als Vorzimmerdame etwas anstrengend.

Ich merkte, dass der Verzicht auf ein eigenes Zimmer nicht nur Freiheit, sondern auch Bloßstellung mit sich brachte. Mit dem Schlafarrangement in Anas Wohnung hatte ich meine Privatsphäre verloren. Ich hatte noch nicht einmal mehr eine Tür, die ich hinter mir zumachen konnte. Es gab keinen Rückzugsort für mich. Nach einer Weile spürte ich, dass das etwas war, worauf ich tatsächlich nicht verzichten konnte.

Das Gefühl wurde stärker, als ich erfuhr, dass Daniel gestorben war. Damit hatte ich nicht gerechnet. Zwar hatte er mir einige Wochen zuvor eine E-Mail geschrieben und eine Anspielung gemacht, doch wie ernst die Lage war, wurde mir erst später bewusst. Damals mailte er mir:

> *»Dear Kati, ich habe gerade meine Blutproben analysiert bekommen. Nun traue ich mich gar nichts mehr zu essen und muss bald eine Entscheidung treffen: Sport treiben wie Kati oder Sterben. Wobei mir Sterben erheblich entspannter und weniger schweißtreibend erscheint. Yours truly, D.«*

Mir war damals bewusst, dass er so etwas nicht ohne einen ernsthaften Hintergrund schreiben würde, weswegen ich ihn in meiner Antwort darauf ansprach. Aber er reagierte nicht. Zum Telefon griffen wir eigentlich nur in Notfällen. Doch dass dies einer war, hätte ich nicht gedacht. Wenige Tage später erhielt ich eine E-Mail mit dem Betreff »Sehr schlimme Nachricht bezüglich Daniel«. Er war vier Tage zuvor an den Folgen einer Krebserkrankung verstorben. Die Ärzte in New York hatten nichts mehr für ihn tun können.

Ich brach in Tränen aus. Ich konnte nicht aufhören zu weinen. Es traf mich so unvorbereitet, dass ich nicht mehr wusste, was ich machen sollte. Jetzt erst wurde mir bewusst, was Daniel in meinem Leben für eine Rolle gespielt hatte. Er war nicht nur Kollege, Freund und Mentor, sondern auch der Mensch gewesen, mit dem ich in den vergangenen Jahren die meiste Zeit verbracht hatte. Es war furchtbar. Ich war froh, dass ich allein in der Wohnung war. Plötzlich kam Ana herein. Sie sah mich und nahm mich in den Arm, um mich zu trösten. Doch ich war so aufgelöst, dass ich gar nicht sprechen konnte. Ich schluchzte nur noch. Das Einzige, was ich herausbekam, war: »Daniel ist gestorben.« Sie fragte mich, ob sie etwas für mich tun könnte und ob sie zu Hause bleiben sollte. Aber ich schüttelte den Kopf und bedankte mich nur.

Als Ana gegangen war, gab ich Daniels Namen in der Suchfunktion meines Mailprogrammes ein. »*Fly, Fly, Fly*« lautete der Betreff seiner vorletzten E-Mail. Wir hatten schon Pläne für weitere Reisen geschmiedet. Ich überlegte, wann ich ihn zum letzten Mal gesehen hatte. Vor einem halben Jahr, um mich vor der Indienreise zu verabschieden. Daniel hatte mich damals fest in den Arm genommen und Tränen in den Augen gehabt. »Ungewöhnlich für ihn«, hatte ich gedacht, weil er an sich nicht so emotional war. Es hatte sich angefühlt, als ob er mich zum letzten Mal sehen würde. Nun machte das auf einmal Sinn. Hatte er damals schon Bescheid gewusst? »Vielleicht wollte er die Menschen, die ihm nahestanden, nicht mit seiner Krankheit belasten«, dachte ich mir.

Wie dem auch sein mochte, ich würde nie Antworten auf meine Fragen erhalten, denn Daniel war nicht mehr da. Und ich hatte seine letzten Stunden nicht mit ihm verbracht. Schon wieder nicht. Ähnlich wie bei meiner Oma Lise.

Erneut machte ich mir Vorwürfe. Und auch die Gedanken aus Buenos Aires waren wieder in meinem Kopf: dass ich den wichtigen Menschen in meinem Leben eigentlich näher sein wollte. So schlagartig, wie Daniels Leben geendet hatte, so schlagartig spürte ich die Grenzen meiner Losgelöstheit.

Mit der Nachricht von seinem Tod war die Leichtigkeit aus meinem Leben verschwunden. Es ging nicht mehr so weiter. Ich musste und wollte innehalten.

~

Eine Woche später flog ich zur Beerdigung von Daniel nach Hamburg, wo er aufgewachsen war und lange gelebt hatte. Es gab eine Baumbestattung, und die Trauerfeier fand in einem Kino statt. Das hatten sich seine Freunde ausgedacht, denen ich nie zuvor begegnet war. Zwar hatte Daniel sie oft erwähnt, aber wir hatten immer im Duo gearbeitet – für Treffen mit Freunden war nie die Zeit gewesen. Dafür traf ich sie jetzt. Sie kannten sich untereinander. Nicht alle, aber viele. Vor allem die, die ihm nahestanden. Sie begrüßten mich, und ich mochte sie sofort. Trotzdem fühlte ich mich allein. Das war ich auch, denn niemand hatte mich zu der Beerdigung begleitet. So wenig, wie ich Daniels Freunde kannte, kannten meine Freunde Daniel. Mir wurde klar, dass wir beide einfach nur unser Ding gemacht hatten. An sich war das schön gewesen, aber in diesem Moment, wo der andere Part fehlte, war ich sehr, sehr einsam.

Ich fühlte mich von der Trauergemeinde beäugt. Weil ich allein war? Die Jüngste? Dachten sie, wir wären ein Paar gewesen? Viele Fragen schossen mir durch den Kopf, so verunsichert war ich. Dann kam eine ältere Frau auf mich zu und fragte mich vorwurfsvoll: »Hast du ihm nicht angesehen, wie schlecht es ihm ging?«

Im ersten Moment wusste ich nicht, was ich sagen sollte. »Nein«, antwortete ich etwas zögerlich und schob noch ein »Tut mir leid« hinterher. Weil ich Daniel erst mit Anfang fünfzig kennengelernt hatte, wusste ich nicht, wie er in jungen Jahren ausgesehen hatte.

»Aber mit dir hat er doch zuletzt die meiste Zeit verbracht«, zischte die Frau.

»Er hat nie gesagt, dass er krank ist«, antwortete ich.

»Nein, das hätte ihm ja auch die Show bei dir versaut«, sagte die Frau angriffslustig.

Ihre Vorhaltungen machten mich noch trauriger als ich ohnehin schon war. Daniels Freunde hatten einen besonderen Baum für ihn ausgewählt: einen Urweltmammutbaum, und als wir dorthin gingen, ich ganz allein, liefen mir die Tränen die Wangen herunter. So wie damals in New York, als ich gespürt hatte, dass Oma Lise gestorben war. Danach war ich bei Daniel gewesen. Jetzt war er nicht mehr da. Seine Asche wurde verstreut, ich brach in Tränen aus. Ich spürte die Blicke der anderen, aber es war mir egal. Der Schmerz über seinen Verlust war zu groß. Ich wollte ihn nicht loslassen.

Erst als wir uns im Kino alte komödiantische TV-Beiträge von ihm anschauten, kam mir der Gedanke, dass er mich so nicht hätte sehen wollen. Daniel hatte stets für Spaß gesorgt und Freude verbreitet. Kein Wunder, denn früher war er Comedian gewesen. Im Kino wurde nicht gelacht, aber einige schmunzelten tatsächlich, und es tat gut, schöne Erinnerungen an ihn mit seinen Freunden zu teilen. Daniel war Einzelgänger gewesen, aber hatte seine Kontakte gepflegt. Seine Freunde waren ihm wichtig – genau wie mir. Wir waren sozusagen soziale Einzelgänger. Innerlich musste ich grinsen. Das hätte ihm gefallen. Gemeinsam hatten wir uns gern eigene Wortschöpfungen ausgedacht. Die Erlebnisse mit ihm konnte mir niemand nehmen.

Irgendwie beruhigte mich der Gedanke, dass er sein Leben bis zum letzten Moment in vollen Zügen ausgekostet hatte. So war er sogar noch nach seinem Tod ein Mentor für mich. Er bestärkte mich in meinem Lebensstil: Sich aufs Wichtige zu konzentrieren und im Hier und Jetzt zu leben.

Ihm war das gelungen, was nicht immer leicht ist. Viele Menschen haben nicht den Mut dazu, oder sie werden von den Lasten der Vergangenheit oder den Sorgen um die Zukunft gehindert. So auch meine Eltern. Sie haben ein größeres Sicherheitsbedürfnis als ich und wollen nur das Beste für mich. Mein Vater zum Beispiel fragt mich immer wieder nach meiner Altersvorsorge. Er weiß, dass ich in die Rentenkasse einzahle, wenn auch wenig, weil ich nicht so viel verdiene. Daneben habe ich noch eine Kranken- und Berufsunfähigkeitsversicherung. Anders habe ich nicht vorgesorgt. Für mich reicht es, dass ich nicht auf Kosten anderer lebe. Für das Wenige, was ich brauche, komme ich selbst auf: Flüge, Miete, Essen, Kleidung und Versicherung. Ansonsten möchte ich dem von Geld dominierten Denken des Kapitalismus so gut es geht entkommen. Ich mache mir nicht so viele Gedanken über Sicherheit, weil ich meine Zeit lieber in Zwischenmenschliches stecke und in das Leben an sich.

Auf Daniels Beerdigung durfte sich jeder einen persönlichen Gegenstand von ihm mitnehmen. Seine silberne Taschenuhr oder seine schwarze Schiebermütze. Beides hatte er stets bei sich getragen. So wie meine Oma Lise den Ring, der immer noch an meinem Finger glänzte. Von Daniel konnte ich nichts nehmen. Zum einen, weil ich nach wie vor von der Trauergemeinde gemustert wurde. Zum anderen, weil ich nicht wusste, was ich hätte nehmen sollen. Es gab keinen Gegenstand, der mir hätte Halt geben können.

~

Wie nie zuvor sehnte ich mich nach der größtmöglichen Vertrautheit und ging dorthin, wo ich meinen Eltern noch näher sein konnte und wo die meisten meiner langjährigen Freunde wohnten: nach Berlin. In Portugal hatte ich viele Leute kennengelernt, und ich war dankbar dafür, wie nah sie mir gekommen waren. Aber das reichte mir nun nicht mehr.

Um meinen eigenen Raum zu haben und niemandem zur Last zu fallen, suchte ich mir eine Zwischenmiete. Ich zog in ein zwölf Quadratmeter großes Zimmer, das ein Pärchen in Schöneberg vermietete. In der Altbauwohnung hatte ich nun meine eigenen vier Wände. Aber trotzdem keinen Raum für mich. Zwar war ich es gewohnt, Gast zu sein, doch als solcher fühlte ich mich nicht. Eher geduldet, weil ich den Eindruck hatte, dass das Paar lieber allein gewohnt hätte. Ohne mich.

Aber wo sollte ich hin mit meiner Trauer? Ich brauchte mehr Privatsphäre und schaute mir Wohnungsannoncen in Berlin an. Das hatte ich noch nie zuvor gemacht und musste mir erst einmal einen Überblick verschaffen. Wenn der Preis keine Rolle gespielt hätte, wäre es kein Problem gewesen, eine Wohnung zu finden. Aber mein Einkommen war unsicher, und die Mieten waren höher als in Lissabon. Zum Glück nicht ganz so teuer wie in New York, und so ging ich zu einer Besichtigung in Neukölln. Dort hatte ich vor drei Jahren, als ich ein Praktikum bei einer Zeitung gemacht hatte, schon mal ein WG-Zimmer gefunden. »Ein gutes Omen«, dachte ich. Ich ging die Sonnenallee entlang, bog um eine Ecke – und dort standen die Wohnungsinteressenten schon auf der Straße in einer Schlange. Ich reihte mich ein und wurde mit ihnen das Treppenhaus hinauf und durch die Wohnung geschoben. Aufpolierte Bewerbungsmappen und überfreundliches Lächeln waren anscheinend das Standardprogramm, um eine Wohnung zu bekommen. Meine Chancen tendierten gegen Null, denn ich hatte all das nicht. Geschweige denn einen Vormieternachweis, eine Festanstellung, und erst recht kein festes Einkommen. Mein Lebenskonzept passte nicht zum Berliner Immobilienmarkt.

Als ich in mein WG-Zimmer in Schöneberg zurückkehrte, war ich erschöpft und starrte auf meine Sachen. In etwa so wie damals in Buenos Aires. Bei diesem Déjà-vu fiel mir ein, dass ich gar nichts hatte, um hier in Berlin eine Wohnung einzurichten. Keine Möbel. Nur meinen Koffer und meine Reisetasche. Auch nichts, womit ich mich hätte ablenken können. Keinen Fernseher. Keine Spiele. Keine alten Sachen, die ich in die Hand nehmen könnte, um in Erinnerungen zu schwelgen. Die Leere, die ich in meinem Inneren empfand, entsprach der tatsächlichen Leere in meinem Leben. Ich war direkt mit meiner Trauer konfrontiert. Es geschah genau das, wovor ich beim Ausmisten in Hamburg Angst gehabt hatte: Ich war im freien Fall, weil da nichts war, was mich halten konnte.

Ich erzählte einer Freundin davon. Sie konnte mich nicht verstehen und riet mir ganz pragmatisch: »Leg dir doch nach und nach etwas zu, was du in die Wohnung stellen kannst.« Doch darum ging es mir nicht, das kam für mich gar nicht infrage.

Seitdem ich vor einem halben Jahr fast meinen kompletten Besitz aufgegeben hatte, kaufte ich mir in der Regel nur etwas Neues, wenn ich es wirklich brauchte. Wenn die Dinge, die ich besaß, kaputtgingen, versuchte ich, sie zu reparieren. Wenn zum Beispiel meine Hosen ein Loch hatten, flickte ich sie. Meine Schuhe ließ ich neu besohlen, wenn sie abgelaufen waren, und die Gläser meiner Sonnenbrille ersetzte ich, anstatt mir eine neue zu kaufen. Es fühlte sich gut an, etwas so lange zu tragen und zu nutzen, bis es nicht mehr ging.

In diesem Moment meines Lebens hatte der Verzicht aber auch einen pragmatischen Grund. Denn meine Lethargie schränkte meine Arbeit so stark ein, dass meine Einkünfte schnell aufgebraucht waren, insbesondere nach dem teuren Flug, den ich mir aus Buenos Aires geleistet hatte. Ich brauchte dringend Geld.

Umso dankbarer war ich, als ein Redakteur von der Wochenzeitung *der Freitag*, für die ich regelmäßig Beiträge schrieb, erfuhr, dass ich in Berlin war, und mir eine Vertretungsstelle für zwei Monate anbot. Sofort willigte ich ein. Der Job sicherte nicht nur meine Miete, sondern war eine Zeit lang auch eine willkommene Ablenkung für meine Trauer. Doch irgendwann stellte ich leider fest, dass sie mich in den Momenten, in denen ich allein war, immer wieder einholte. Selbst der Trick meiner Oma Lise, mich vor den Spiegel zu stellen und zu sagen »Du schaffst das!« half nun leider nicht mehr. Immer öfter lag ich kraftlos auf dem Boden und heulte. Stundenlang. Die Hilflosigkeit wurde immer unerträglicher. Nun schossen mir wieder die Fragen aus dem Flieger durch den Kopf: War mein Verzicht zu radikal und zu schnell gewesen?

Es dauerte Wochen, bis ich mir professionelle Hilfe suchte. Meine Diagnose: Rezidivierende depressive Störung, gegenwärtig mittelgradige Episode, erstens Einschränkung im Verhalten, zweitens Einschränkung in der zwischenmenschlichen Interaktion. Ich dachte nur: »Aha!«

Die Psychologin erläuterte mir, dass ich zu viele Verluste in einem zu kurzen Zeitraum erlebt hätte. Damit meinte sie nicht den materiellen Verzicht, sondern die menschlichen Bindungen. »Innerhalb von einem Jahr zwei Todesfälle von Menschen, die Ihnen sehr nahestanden, dazu noch die Trennung von Ihrem Partner nach über zehn Jahren, das ist zu viel.« Ich dachte an die Gespräche mit Anthony in Bristol und daran, was er zu Störungen und Normalität gesagt hatte. Ich war froh, dass die Psychologin nicht die Formulierung »das ist nicht normal« gewählt hatte. Für mich machte sie das vertrauenswürdig. Deswegen folgte ich ihrer Empfehlung, eine Verhaltenstherapie zu machen. Es half. Ebenso wie der Auszug aus der Pärchen-Wohnung in Schöneberg. Bei einer meiner Freundinnen war in einer Dreier-WG auf dem Prenzlauer Berg ein Zimmer frei geworden. Meine Vormieterin hatte mir ihre Kommode und eine alte, ausgelegene Matratze vermacht. Von meiner Freundin bekam ich eine Kleiderstange und einen Sessel. Von der Mitbewohnerin einen Tisch. Das zwanzig Quadratmeter große Altbauzimmer am Kollwitzplatz wirkte damit noch immer ein wenig leer. Aber mir reichte das. Ich vermisste nichts. Viel wichtiger für mich war, dass ich einen Rückzugsort hatte und mich endlich wieder wohlfühlte.

~

Nach einem Monat erhielt ich wieder eine E-Mail aus New York. Diesmal keine Schreckensnachricht. Im Gegenteil: ein Jobangebot. Eine feste freie Stelle als Korrespondentin für einen deutschen Nachrichtendienst. Im Grunde ideal für mich. Deshalb war auch mein erster Impuls: Ich muss zurück! Morgens am Hudson oder East River entlangjoggen, mit meinem Rennrad durch die Hochhausschluchten Manhattans düsen und tolle Geschichten entdecken. Mein zweiter Gedanke war allerdings: Mir ging es doch gerade endlich wieder gut. Ich hatte die Menschen in meiner Nähe, die mir wichtig waren, und ich hatte realisiert, wie wichtig mir der direkte Kontakt zu ihnen war.

Eine Woche hatte ich Zeit, um mich zu entscheiden. Es war nicht leicht. Ich konnte keine Ruhe finden, kaum Schlaf, ich wälzte meine Gedanken hin und her. Meine Eltern und meine Freunde bestärkten mich darin, wieder loszuziehen. Sie sagten: »Mach das, was sich für dich richtig anfühlt!« oder: »Es ist bestimmt gut für deine berufliche Weiterentwicklung.« Nur eine Freundin meinte, dass ich wieder weglaufen wollte, und sagte: »Du machst doch sowieso nur das, was du willst.«

Ich war verwirrt. Einerseits sollte ich machen, was ich wollte, dann wieder nicht. In meinem Kopf vermischte sich alles: Chance, Wegrennen, Glück, Verzicht, Freiheit und Einsamkeit. Das kannte ich zwar schon, trotzdem kam es mir auf einmal so vor, als müsste ich die Entscheidung zum allerersten Mal treffen. Ich hatte erlebt, dass Verzicht auch Einsamkeit bedeuten konnte. Das vor allem ließ mich zögern. Aber auch die Brutalität von New York, der ich mir inzwischen allzu bewusst war. Über 1.500 US-Dollar Miete zu zahlen, war dort inzwischen nichts Ungewöhnliches mehr. In New

York würde ich leben, um zu arbeiten, und nicht umgekehrt. Es würde nicht einfach werden, dachte ich mir. Ich musste die Entscheidung genau abwägen. Für New York sprach, dass ich zumindest ein mehr oder weniger festes Einkommen haben würde. Außerdem war ich schon sehr geübt darin, an einem anderen Ort zu leben. Für viele Leute war das sehr anstrengend, für mich war es inzwischen Alltag. Das Kofferpacken war für mich so normal wie das Fahrradfahren für andere. Um alles gut verstauen zu können, waren meine Gepäckstücke aus weichem Material, das sich gut formen ließ. Die Kleidungsstücke, die keine Falten bekommen durften, rollte ich ein, anstatt sie zusammenzulegen. Außerdem war es für mich kein Problem, mich irgendwo wohlzufühlen. Ich arrangierte einfach die Möbel vor Ort so, wie es mir gefiel, kaufte Kerzen und Blumen, und schon war ich zufrieden mit meinem Zimmer. Anschließend erkundigte ich mich in der Regel nach dem öffentlichen Nahverkehr und holte mir eine Prepaidkarte, denn einen Handyvertrag hatte ich schon seit Jahren nicht mehr. Gemeldet war ich inzwischen wieder bei meinen Eltern in Frankfurt am Main. So musste ich nun nicht einmal mehr zum Briefkasten gehen. Mein Vater fotografierte meine Post ab und schickte sie mir per App direkt auf mein Handy. Sehr praktisch. So war alles automatisch digitalisiert und ich musste es nicht irgendwo in einem Ordner sammeln.

Meine Adresse brauchte ich ohnehin nur für meine Wahlunterlagen, Rechnungen, Versicherungen und die Steuererklärung. Als ich mich erstmals beim Finanzamt danach erkundigte, sagte mir der Sachbearbeiter: »Sie sind in unserem System nicht vorgesehen.«

Das war ich schon gewohnt. Also recherchierte ich selbst und stieß auf den Grundsatz des Welteinkommensprinzips, demzufolge man seine Steuern dort zahlt, wo man sich mehr als die Hälfte des Jahres aufhält. Meist war ich aber gar nicht so lange an einem Ort. Da ich zu diesem Zeitpunkt großenteils deutsche Auftraggeber hatte, zahlte ich meine Steuern in Deutschland, wo ich auch krankenversichert war. Zusätzlich schloss ich für meine Reisen Langzeit-Auslandskrankenversicherungen ab. Denn nach der Blinddarm-OP in Spanien hatte ich gelernt, wie wichtig diese Dinge sein können.

Ein gültiges Journalisten-Visum für die USA besaß ich noch. Neu wäre allerdings, dass ich ohne Daniel in New York sein würde. Immerhin war es der Ort, wo ich ihn das letzte Mal gesehen und die meiste Zeit mit ihm verbracht hatte. Meine Therapeutin riet mir dazu: »Stellen Sie sich Ihren Ängsten!« Es sei eine gute Möglichkeit, um Abschied zu nehmen und einen besseren Umgang mit der Situation zu finden.

Trotzdem war ich nach all diesen Überlegungen noch unsicher und ging erst einmal dorthin, wo ich bereits gelernt hatte, mich mit mir selbst auseinanderzusetzen: zum Kung Fu. Darauf war ich eher durch Zufall gestoßen, als ich auf Empfehlung meiner Therapeutin nach einer Form der Entspannung gesucht hatte. Freunde empfahlen mir Qi Gong, und darüber kam ich zum Kung Fu.

Bei meinem ersten Besuch in Berlin-Schöneberg war ich überrascht. Ich stieg am Innsbrucker Platz aus der Ringbahn aus. Statt Tempelidyll erwartete mich dort ein großer, hässlicher Häuserkomplex. An der Fensterfront hing ein großes Kung-Fu-Plakat und über dem Eingang ein chinesischer Schriftzug. Das waren die einzigen Hinweise auf die Schule. Innen entsprach sie schon mehr meinem Klischee-Bild von China: goldene Buddha-Statue, ein Hauch von Räucherstäbchen und chinesische Musik. Sobald der Gong ertönte, begann das Training. Dafür stellten sich alle in zwei Reihen im Raum vor dem *Shifu*, dem Großmeister, auf. Der verbeugte sich, die anderen ebenso, und alle begrüßten sich mit »*Amituofo*«. Die Grußformel soll Respekt signalisieren.

Dann ging es auch schon los: Aufwärmen und Dehnen. Das war selbst für mich als erfahrene Sportlerin ganz schön anstrengend. Auseinanderziehen der Gliedmaßen bis an die Schmerzgrenze und minutenlanges Ausharren in einer Position. Einen Spagat konnte ich nicht. Weiter ging es mit speziellen Tritten und Bewegungen, die ich versuchte nachzuahmen. Gar nicht so einfach. Der *Shifu* erklärte mir, was Kung Fu bedeutete: »Etwas durch harte geduldige Arbeit erreichen.« Das erinnerte mich an Bristol, New York und mein Studium, wo auch Disziplin gefragt gewesen war. Ähnlich wie beim Kung Fu. Ich ging wieder hin. Regelmäßig dreimal die Woche. Trotzdem vergaß ich immer wieder einige Bewegungsabläufe. Das frustrierte mich. Doch genau darum ging es beim Kung Fu. Ich lernte, dass hinter den spektakulären Kampfszenen, die aus vielen Filmen bekannt sind, die Kunst steckt, den Kampf mit sich selbst aufzunehmen. Kung Fu geht davon aus, dass in allem, was wir tun, unsere innere Verfassung zum Ausdruck kommt. Genau wie bei unserem sonstigen Handeln. Wenn wir unser Handeln vervollkommnen, tun wir das auch mit uns selbst. Diese Philosophie beeinflusste mich wahrscheinlich auch bei meinem Entscheidungsprozess.

Auf dem Rückweg war ich wieder in Gedanken und las in der U-Bahn ein Zitat von Perikles, das ich noch aus der Schule kannte. Der Politiker und Feldherr aus Athen soll gesagt haben: »Zum Glück brauchst du Freiheit, und zur Freiheit brauchst du Mut.« Den hatte ich inzwischen durch die Therapie, das Kung Fu und mein Umfeld wiedergewonnen. Und in diesem Augenblick war mir klar: Ich fliege zurück nach New York.

Natürlich würde ich die physischen Treffen mit meinen Freunden und Eltern vermissen. Aber sie wussten inzwischen, dass ich sie zwar zurücklassen, aber nicht loslassen würde. Denn ich bemühte mich, in regem Kontakt mit ihnen zu bleiben und für sie da zu sein. Und umgekehrt freute es mich, dass sie meine Bemühungen wertschätzten und mir das Gefühl gaben, dass unsere Beziehungen erhalten blieben, wo auch immer auf der Welt ich lebte.

~

Ich beschloss, direkt nach meinem 28. Geburtstag wieder abzureisen. Meine Freunde machten mir kleine Geschenke, die in mein limitiertes Gepäck passten: Blumensamen, da sie wussten, wie sehr ich Blumen mochte und dass ich in New York einen Balkon haben würde, und Immaterielles: einen Gutschein für ein gemeinsames Abendessen, ein Kulturevent oder eine Paddeltour, weil ich ihnen davon erzählt hatte, dass ich lieber Erfahrungen sammelte als Dinge.

Tatsächlich gehen Wissenschaftler davon aus, dass uns das glücklicher macht. Zum einen merkt das Gehirn sich in der Regel nur die positiven Aspekte einer Erfahrung. Anders als bei Gegenständen, wo auch negative Aspekte immer wieder eine Rolle spielen. Ein Beispiel: Wenn man sich Schuhe kauft, die zu eng sind und drücken, löst das jedes Mal, wenn wir sie anziehen, etwas Negatives bei uns aus. Wenn wir allerdings eine Fahrradtour machen und vielleicht auch von Einzelheiten wie dem schlechten Wetter genervt waren, speichern wir die Erfahrung langfristig dennoch als positiv ab, weil es uns gefallen hat, dass wir in der Natur waren und Zeit mit unseren Freunden verbracht haben.

Zum anderen langweilen uns materielle Dinge eher, weil wir uns viel schneller an sie gewöhnen als an Erfahrungen. Das kennt jeder. Erst ist etwas Neues aufregend, und nach kurzer Zeit liegt es schon wieder nutzlos in der Ecke.

Und Grund Nummer drei: Erfahrungen lassen sich schwerer miteinander vergleichen als Dinge. Dadurch dass der Konkurrenzcharakter fehlt, empfinden wir sie als wesentlich angenehmer.

Glücklicher stimmt uns laut Wissenschaftlern auch, dass wir bei Erfahrungen viel mehr bei der Sache sind. Es ist spannender ein Tennisspiel statt einen Tennisschläger anzusehen. Zudem ist die Vorfreude bei Erfahrungen größer als bei Dingen. Das hängt auch damit zusammen, dass Menschen sich gern mit Menschen umgeben, und das passiert im Zusammenhang mit Erfahrungen eher als bei Dingen.

So war und ist es auch bei mir. Nachdem ich durch den Tod von Oma Lise und Daniel regelrecht zum Innehalten gezwungen worden war, hatte ich gelernt, wie wichtig mir die sozialen Kontakte waren.

Gleichzeitig wusste ich von meinen Reisen, wie glücklich mich neue Erfahrungen machten, wenn ich den Mut aufbrachte, mich darauf einzulassen.

Und so freute ich mich über die Geschenke und die motivierenden Worte meiner Freunde. Auch meine Therapeutin rührte mich, als sie mir zum Abschied das Gedicht »Stufen« von Herman Hesse mitgab. Auf mich träfen, meinte sie, vor allem die letzten Zeilen zu: »Kaum sind wir heimisch einem

Lebenskreise und traulich eingewohnt, so droht Erschlaffen. Nur wer bereit zu Aufbruch ist und Reise, mag lähmender Gewöhnung sich entraffen, (...) nimm Abschied und gesunde!«

# Sich einlassen

Je näher ich dem West Village kam, desto unwohler fühlte ich mich. Wie ein gleichgepolter Magnet stieß mich das Viertel ab. Ich lief vorbei an dem Café, in dem Daniel und ich uns das erste Mal in New York getroffen hatten. Vorbei an dem japanischen Restaurant, wo wir oft zusammen zu Mittag gegessen hatten.

An der nächsten Querstraße, vor einer italienischen Konditorei, blieb ich stehen. Genau hier hatten wir uns das letzte Mal gesehen. Wie versteinert stand ich da. Ich brauchte einen Moment, bevor ich die Konditorei betreten konnte. Um mich herum Menschen, die Kaffee zum Mitnehmen bestellten.

New York war auch hier der Trendsetter gewesen, bevor es *Coffee to go* überall auf der Welt zu bestellen gab. Schon lange konnte man hier zwischen verschiedenen Milch- und Kaffeesorten wählen, heiß oder kalt, verschiedenen Größen und Geschmacksrichtungen.

Eine Frau, etwa in meinem Alter, bestellte einen entkoffeinierten Milchkaffee mit ungesüßter Mandelmilch und Karamellsirup zum Mitnehmen. Da musste ich lächeln. Denn ich sah Daniel, wie er vor meinem inneren Auge den Kopf schüttelte. Ihm waren die ganzen Extras zu anstrengend gewesen. Er bestellte immer das Gleiche: einen extragroßen

Cappuccino. In der Regel zum Mitnehmen. Ich trinke Heißgetränke hin und wieder auch unterwegs. Um dadurch aber nicht so viel Plastikmüll zu produzieren, nehme ich möglichst oft meinen eigenen Thermobecher mit.

Das letzte Mal, als ich Daniel getroffen hatte, brauchte ich das nicht. Da hatten wir es uns in der hinteren Ecke der Konditorei neben der offenen Backsteinmauer gemütlich gemacht. Daniel hatte sich – ohne seine Schiebermütze abzunehmen – in einen der alten Sessel gefläzt und mir die neusten abstrusen Geschichten erzählt. Er hatte ein Gespür dafür, was mir gefallen würde.

Anschließend sprachen wir über Indien. Daniel wäre gern mitgekommen, insbesondere weil die Auftragslage in den USA zu der Zeit etwas mau war, aber er wollte sich nicht zwischen Arjun und mich drängen, erklärte er mir. Dafür brachte er mich auf gute Ideen, welche Geschichten ich von der Reise mitbringen könnte. Zum Beispiel ließe sich etwas über die Internet-Butler machen, über die Menschen, die in den Callcentern arbeiteten und die wir in Deutschland über eine Hotline an die Strippe bekamen, obwohl sie eigentlich irgendwo in Indien saßen. Genau darüber berichtete ich später tatsächlich.

An jenem Nachmittag beendeten wir bald unseren netten Plausch, da am nächsten Tag mein Flieger nach Hamburg ging. Ich brachte Daniel noch nach Hause. Sein Apartment war nur wenige Schritte von der Konditorei entfernt. Genau dorthin machte ich mich auch jetzt auf den Weg. Seine Straße war klein, es kostete mich viel Überwindung sie zu betreten. Doch dann ging ich zu seinem Haus und setzte mich sogar auf die Stufen vor dem Eingang. So als ob ich auf ihn warten würde. Wie früher. Links war immer noch der kleine Plattenladen und gegenüber der Waschsalon.

Ich erinnerte mich daran, wie ich ihn genau hier das letzte Mal gesehen und seine Emotionalität zum Abschied nicht verstanden hatte. Damals lächelte ich ihn nur freundlich an und sagte: »*See you!*« Es machte mich traurig, dass ich ihn nie wiedersehen würde. Dass ich ihn loslassen musste. Aber genau deswegen war ich hier. Zum Glück war die Straße nicht so belebt, und nur wenige Passanten gingen vorbei. Weil die Sonne blendete und ich eine Sonnenbrille trug, sahen sie nicht, wie sehr ich weinte. Aber es tat gut, noch einmal richtig Abschied von Daniel zu nehmen. So wie es meine Therapeutin vorgeschlagen hatte.

Gleichzeitig musste ich mich zu diesem Zeitpunkt noch mit etwas anderem auseinandersetzen. Kurz vor meinem Abflug hatte ich einen Text zu meinem minimalistischen Lebensstil verfasst. Eine Auftragsarbeit für den *Freitag*, die Wochenzeitung, bei der ich zuvor in Berlin als Vertretung gearbeitet hatte. Es war ein sehr persönlicher Text gewesen, und die rund zweihundert Kommentare waren eine neue Erfahrung für mich. Ich selbst wäre nicht auf die Idee gekommen, über mich selbst zu schreiben, aber die Redaktion meinte, dass der Artikel für andere inspirierend sein könnte. Das war auch der Fall – wobei im Internet vor allem eine öffentliche Diskussion über meinen Lebensstil entbrannte. Einige Leser bezeichneten mich als »Schnorrerin«, weil ich auf Kosten meiner Eltern oder von Freunden leben und nicht selbst dafür aufkommen würde. Mein Vater sandte mir eine Nachricht, um mir zu sagen, was die Leute Furchtbares über mich schrieben.

»Du weißt doch, dass das alles so nicht stimmt«, versuchte ich, ihn zu beruhigen. Denn ich lebte und lebe nicht auf Kosten von anderen. Egal wo ich bin und bei wem ich unterkomme, ich zahle Miete. Wenn mich jemand bei sich wohnen lässt und kein Geld dafür haben möchte – das ist aber die Ausnahme –, dann handelt es sich dabei um die freie Entscheidung des Gastgebers. Grundsätzlich revanchiere ich mich aber in irgendeiner Form: Ich koche etwas, lade die Person ins Kino oder auf einen Kaffee ein, passe auf die Haustiere und Kinder auf oder übernehme Arbeiten im Haushalt. Das Prinzip von Geben und Nehmen ist für mich essenziell. Dabei muss nicht immer ausschließlich Geld ausgetauscht werden.

Ich freute mich darüber, dass einige Teilnehmer der Online-Diskussion mich verstanden und verteidigten. Einige meinten sogar, dass die Kritiker »zu feige« für einen Lebensstil wie den meinen wären. Die meisten positiven Rückmeldungen bekam ich aber direkt. Ich erhielt E-Mails von Fremden, die mich um Ratschläge baten, wie sie am besten ausmisten, sich von Dingen trennen oder worauf sie beim Reisen achten könnten. Das Interesse stieg, Radio- und Fernsehinterviews und weitere Zeitungsartikel folgten. Offenbar gab es viele Menschen, die mehr über meinen Lebensstil erfahren wollten, was mich schließlich auf die Idee brachte, dieses Buch zu schreiben. Auch weil bislang der Platz in den Medien nicht ausgereicht hatte, um zu erklären, wie mein Leben funktionierte, und so letztlich Missverständnisse entstanden waren.

Einige von denen, die mehr über meine Lebensweise wussten, nahmen mein Beispiel zum Anlass, ihr eigenes Leben zu verändern. Ein Freund gab den Großteil seiner Bücher weg, ein anderer reduzierte seine Möbel radikal. Meine Freundin Celine, die Stewardess ist, sortierte regelmäßig ihren Kleiderschrank aus und spendete die Sachen einem sozialen Projekt in Indien.

Leider hatten manche positive Rückmeldungen einen seltsamen Unterton. Auf einige Männer schien mein Artikel wie eine Kontaktanzeige gewirkt zu haben. Das hatte ich auch schon aus den Online-Kommentaren herauslesen können. Ich wurde überflutet mit Angeboten: Kaffeetrinken, eine Reise zu zweit – manchmal sollte ich gleich bei jemandem wohnen. Anscheinend war mein Leben die ideale Projektionsfläche für die männliche Fantasie: Leichtigkeit, keine Verpflichtungen, viele Abenteuer.

Anfangs fühlte ich mich noch geschmeichelt. Doch schnell merkte ich, dass es nicht wirklich um mich ging, sondern eben um die Einbildung dieser Männer. Das war ein ernüchterndes Gefühl. Die Freiheit befördert das freie Denken bei anderen, was an sich etwas Gutes ist, aber auch zu gefährlichen Missverständnissen führen kann.

Diese Erfahrung musste ich auch bei meinem neuen Mitbewohner in Brooklyn machen. Ein Freund von Freunden aus Japan, den ich schon von meinen vorherigen New-York-Aufenthalten kannte und mit dem ich mich angefreundet hatte. Er war japanisch zurückhaltend, nie hätte ich etwas Schlechtes erwartet. Das war auch der Grund gewesen, warum ich ohne zu zögern bei ihm eingezogen war. Anfangs verstanden wir uns gut, wie immer. Bis zu dem Zeitpunkt, wo er mehr wollte – und ich nicht. Es kam immer wieder zu Konflikten. Wenn ich die Wohnung betrat, wusste ich nicht, was mich erwartete: selbst gemachtes Sushi und gekühlter Champagner; oder ein Mitbewohner, der mich zornig zur Rede stellte, weil er mich mit einem anderen Mann auf der Straße gesehen hatte.

Ich versuchte, mit ihm darüber zu reden. Erfolglos. Statt zu akzeptieren, dass ich nur mit ihm befreundet sein wollte, versuchte er, mich davon zu überzeugen, dass wir zwei eine Familie gründen und unser Leben gemeinsam verbringen sollten. Sonst wäre ich, da war er sich sicher, nicht bei ihm eingezogen.

Ich war fassungslos, weil ich alles immer klar kommuniziert hatte. Doch selbst das und dass er mich mit Arjun erlebt hatte, machte er mir zum Vorwurf. Die Unstimmigkeiten nahmen zu, er schrie mich an, und für mich stand schnell fest: Ich muss sofort ausziehen. Doch auch das wollte er mir erschweren.

Er erpresste mich mit der Kaution von zweitausend US-Dollar. Einen solchen Ausfall konnte ich mir nicht leisten. Also musste ich es noch länger bei ihm aushalten, solange mir keine bessere Lösung einfiel. Ich bat gemeinsame Freunde um Hilfe. Sie redeten mit ihm. Aber er blieb stur. Er wirkte immer paranoider, bis er schließlich anfing, meine Gespräche mit seinem Tonband aufzunehmen. Und als er nachts in mein Zimmer kam, das ich nicht abschließen konnte, und mich beobachtete, war ich nicht nur in meiner Freiheit beschränkt, sondern bekam richtig Angst.

Eines Tages eskalierte die Situation: Er bedrohte mich derartig, dass ich die Polizei rief. Sie nahm sich überraschenderweise über eine Stunde Zeit, um ihn davon zu überzeugen, mir die Kaution zurückzuzahlen. Noch am gleichen Tag flüchtete ich zu meiner Freundin Adriana und war dankbar, dass ich die nächsten zehn Tage bei ihr unterkommen konnte. Sie flog in den Urlaub und bot mir ihr Apartment an der Upper West Side an. Im Gegenzug sollte ich auf ihren Hund aufpassen.

Für mich ein guter, nicht ungewöhnlicher Tausch. In Fort Greene, einem Stadtteil in Brooklyn, hatte ich schon einmal das Haus und die zwei Katzen einer Bekannten gehütet. Temporäre Haustiere waren für mich keine Seltenheit. In Lissabon war ich häufig mit dem Hund von Ana spazieren gegangen. Da ich von zu Hause arbeitete, meine Pausen frei wählen konnte und gern etwas frische Luft schnappte, musste das Frauchen nicht extra zum Gassigehen nach Hause hetzen. Im New Yorker East Village hatte ich auch einmal mit einem älteren Fotografen und seinen zwei schwarzen Katzen zusammengelebt.

Und nun war also wieder ein Hund dran. Mit ihm joggte ich durch den Central Park. Ich war eine von vielen in Manhattan, eine urbane Individualistin. Anonym, arbeitend, Single. Beim Obsthändler an der Straße kaufte ich mir frische Blaubeeren und eine *New York Times*.

Mit der Zeitung setzte ich mich an der Südwest-Ecke des Central Park, in die Mitte des Columbus Circle, auf die Kante des Brunnens. Der Hund lief tollpatschig hinein und trank hastig von dem Wasser. Ich beobachtete die Menschen, die wie Lemminge herumrannten. Viele von ihnen liefen in die angrenzenden Shoppingmalls. Konsum ist ein einfacher Weg, den Menschen Glück vorzugaukeln. In Deutschland gibt es sogar einen Laden, der »Kauf dich glücklich« heißt. Klingt wie ein Mantra des Kapitalismus.

Aber die Menschen haben schon immer versucht, ihr Glück außerhalb ihrer selbst zu finden, die Verantwortung abzugeben und sich mit Dingen abzulenken. In der Vergangenheit durch Kriege oder Religion, was die Menschen aber nicht unbedingt glücklicher machte. Je mehr Dinge wir um uns haben, die uns ständig ablenken, desto weniger Empathie können wir entwickeln. Zumindest haben das Psychologen herausgefunden, die zu Mitgefühl forschen.

All das lernte ich in dem Artikel, der beim Durchblättern der *New York Times* sofort mein Interesse geweckt hatte. Nicht nur, weil Jonathan Safran Foer, den ich ohnehin sehr schätze, ihn geschrieben hatte, sondern auch aufgrund des Titels: »*How not to be alone*«. Warum reizte mich das? Weil ich Rat suchte? Weil ich mich allein fühlte? Oder weil die Einkäufer um mich herum einsam wirkten?

Es war auf jeden Fall gut, fand ich, dass ich mich für das Leben der anderen interessierte und mich einbringen wollte. Laut Foer machen das immer weniger Menschen.

Daher begann sein Essay auch mit einer Szene, die wir kennen: Jemand weint in der Öffentlichkeit, und wir wissen nicht, was wir tun sollen. Einschreiten – oder nicht? Ersteres ist schwieriger. Zudem gibt es inzwischen viele technische Alternativen, die unsere Kommunikation vereinfachen und hinter denen wir uns verstecken können: Mobiltelefone, Laptops oder Tablets.

Das Problem ist nach Foer dabei allerdings, dass diese Geräte uns eine Verbundenheit zu anderen nur vorgaukeln. Ebenso wie der Konsum uns Glück vorspiegelt. Denn selbst wenn ich den ganzen Tag online bin, bin ich am Ende des Tages noch allein. Auch Foer plädiert dafür, dass reale Erfahrungen wichtiger sind als Dinge. Dass wir statt Remindern vielmehr Erfahrungen bräuchten. Liebe statt Likes. Dafür müssen wir anderen gegenüber aufmerksam und achtsam sein. In unserer schnelllebigen Welt gelingt uns das nicht immer gut.

Das realisierte ich auch, als ich die Zeitung beiseitelegte und mit Adrianas Hund an der Leine zurück zu ihrem Apartment lief. Ich sah, wie viele Passanten auf ihr Smartphone starrten, anstatt sich um ihre Umwelt zu kümmern.

Die Szene erinnerte mich an ein Straßenzeichen, das ich bei einer Recherchereise mit Daniel in Kalifornien gesehen hatte. Darauf stand: »*Pay attention while walking: your facebook status update can wait* – Pass auf, wo du hinläufst: Deinen Facebook-Status kannst du später aktualisieren.«

Mir war klar, dass ich selbst manchmal so herumlief. Man könnte meinen, dass schnelllebige Beziehungen genauso zu meinem Leben gepasst hätten wie die digitale Vernetzung. Dem war aber nicht so. Mir ist und war es schon immer wichtig, zuverlässige Freundschaften zu haben und sie zu pflegen. Auch wenn das nicht immer einfach ist. Denn obwohl ich schnell Leute kennenlerne, entstehen dadurch nicht automatisch längerfristige Bindungen.

Ich hatte die Erfahrung gemacht, dass meine Rastlosigkeit, die viele Männer als anziehend empfanden, auf andere abschreckend wirkte. Sobald sie erfuhren, dass ich nur kurz an einem Ort bleiben wollte, hatten sie Angst, sich mit mir anzufreunden.

In Sevilla hatte mir meine Arbeitskollegin erklärt, dass es sich nicht lohne, Zeit in mich zu investieren, weil sie ihre Freunde lieber vor Ort habe.

Auf meinen Reisen hatte ich immer wieder Menschen mit ähnlicher Haltung getroffen, mit denen ich mich nicht habe anfreunden können. Aber auch andere, wie Ana in Lissabon, mit denen ich bis heute befreundet bin.

Und was war mit den Freunden, die ich schon vor meinen Reisen kennengelernt hatte? Es war nicht leicht für sie, mit meiner ständigen Abwesenheit klarzukommen. Auch für mich nicht. Eine Handvoll Freundschaften zerbrach. Was vielleicht nicht ausschließlich mit meinem Lebensstil zu tun hatte, sondern auch daran lag, dass wir uns nach und nach auseinanderlebten – ähnlich wie das bei anderen Beziehungen auch passiert. Geblieben sind die Freunde mit ähnlichen Vorstellungen: Sie teilen meine Offenheit und meine Reiselust, sie wechseln selbst häufig ihren Wohnort oder sind fast genauso viel unterwegs wie ich. Ein gutes Beispiel ist meine Freundin Celine, die ich vom Studium aus Heidelberg kenne. Da sie als Stewardess arbeitet, haben wir uns schon an vielen Orten der Welt getroffen. Gemeinsame Zeit mit meinen Freunden zu verbringen, ist mir so wichtig, dass ich die Planung nicht dem Zufall überlasse. Einander ständig hinterherzuziehen, um wieder in derselben Stadt zu wohnen, ist natürlich keine Lösung. Deswegen koordiniere ich die Zusammenkünfte mit meinen Freunden gut, häufig auch digital. Und anders als Foer es in seinem Essay beschrieb, führte bei mir die Nutzung der sozialen Netzwerke nicht zur Vereinsamung, sondern zu realen Kontakten.

~

Nachdem Adriana aus dem Urlaub zurückgekommen war, hütete ich die Wohnung von Freunden im East Village. Dort gab es zwar keine Haustiere, dafür aber ein Klavier. Darüber freute ich mich sehr, weil ich seit meiner Jugend nicht mehr regelmäßig gespielt hatte. Bei meinen Eltern in Frankfurt stand zwar noch das Instrument, an dem ich spielen gelernt hatte, aber die Tasten betätigte ich nur an Weihnachten und wenn meine Eltern mich darum baten. In New York, im obersten Stockwerk mit Blick auf das Empire State Building, hatte ich auf einmal wieder die Muße, mit dem Musizieren anzufangen. Deswegen mochte ich meinen Lebensstil, weil ich nie wusste, was mich in der nächsten Wohnung erwartete, und es mir reichte, manche Dinge nur temporär zur Verfügung zu haben. Ich fühlte mich schnell wohl, was auch wichtig für meine Arbeit war. Denn ich hatte viel zu tun. Eine Mischung aus Nachrichtenschichten für die Presseagentur, die mich zurück nach New York geholt hatte, und meiner Tätigkeit im Schneideraum einer Produktionsfirma. Nebenbei schrieb ich weiter fleißig Artikel. Durch die zahlreichen Aufträge erholte sich meine finanzielle Situation zum Glück allmählich wieder.

Trotzdem hatte ich mich parallel zu der Arbeit bei einer deutschen Stiftung für ein Stipendium beworben und tatsächlich einen von acht Plätzen bekommen. Bei dem Austauschprogramm kamen für drei Monate acht chinesische Journalisten nach Deutschland, und umgekehrt gingen acht deutsche Teilnehmer nach China. Per E-Mail wurden wir kurz über die anderen Teilnehmer informiert.

Gemeinsam sollten wir alle von Deutschland aus starten, weswegen ich von New York über Lissabon nach Frankfurt flog, um dort meine Eltern und während meines sechsstündigen Aufenthaltes in Portugal immerhin zwei Freunde zu sehen. Der Flug nach Peking startete von Berlin aus, wo ich vier Tage blieb. Auch dort wollte ich Freunde treffen. Dann ging es wieder zum Flughafen, diesmal nach Berlin-Tegel.

Als ich am Gate wartete, kam plötzlich ein Mann auf mich zu, der etwa in meinem Alter und ein paar Zentimeter größer war als ich. Er hatte braune Haare, einen Dreitagebart und sprach mich an: »Du bist doch Katharina Finke, oder?«

»Ja«, antwortete ich etwas zögerlich.

»Ich bin David, du hast mir eine Freundschaftsanfrage bei Facebook geschickt. Wir haben das gleiche Stipendium.«

»Ah, David! Stimmt! Schön, dich kennenzulernen.«

Aus diesem etwas gestelzten Small Talk wurde schnell eine angeregte Unterhaltung. Erst sprachen wir über China. Anders als ich war David schon einmal dort gewesen. Vor einigen Jahren hatte er seinen Bruder besucht, der für ein Praktikum ein paar Monate in Shenzhen lebte. David erzählte begeistert von seinen Erfahrungen und ließ sich auch durch das Boarding nicht aus der Ruhe bringen. Das war mir sympathisch. Es wirkte, als hätte er beim Reisen eine ähnliche Routine wie ich. Der Zufall wollte, dass er im Flieger genau hinter mir saß. Als wir das merkten, mussten wir grinsen.

David hievte seinen Fotorucksack in das Gepäckfach und zog seinen Kapuzenpullover aus. Ich verstaute meinen Rucksack genau daneben und setzte mich vor ihn auf meinen Sitzplatz. Dass der Flieger abhob, merkte ich gar nicht, so vertieft waren wir in unser Gespräch. David erzählte mir von seinen vielen Reisen nach Asien, Südamerika und Europa. An einigen Orten war ich auch schon gewesen. Andere waren neu für mich. Manche, die ich schon bereist hatte, kannte wiederum er nicht. Reisen war nicht unser einziges Thema. Wir teilten noch eine andere Leidenschaft: das Geschichtenerzählen. Das entging auch den anderen Fluggästen nicht, die wir selbst inzwischen längst vergessen hatten. Schließlich bemerkten wir, dass die Plätze neben uns frei geblieben waren.

»Du kannst dich auch zu mir setzen«, bot ich David an.

»Echt?«, fragte David etwas verunsichert.

»Ja, da kommt wohl keiner mehr.«

»Sieht so aus, aber lass uns noch kurz warten.«

»Dann müsste ich mich auch nicht immer zu dir umdrehen«, ergänzte ich noch.

»Außerdem scheint mein Bildschirm irgendwie nicht zu funktionieren«, sagte David.

Wir redeten weiter und weiter. Über verschiedene Ereignisse in der Welt. David erzählte mir, dass er in Berlin Politikwissenschaften studiert hatte. Außerdem fragte er mich nach meinem Leben in New York. Und wir waren uns einig, dass ein *Nine-to-Five*-Job für uns nicht infrage käme. Wir wollten frei arbeiten. Er als Fotograf, ich als Autorin.

Nach einigen Stunden sagte ich: »Sorry, ich kann mir nicht länger den Hals verrenken.«

»Klar. Aber mein Bildschirm funktioniert wohl doch.«

»Okay, dann schlafe ich noch etwas!«

»Gut, ich gucke einen Film!«

So endete unser Gespräch über den Wolken relativ abrupt. Wahrscheinlich, weil wir beide etwas unsicher waren, den Raum des anderen respektieren und nicht zu aufdringlich werden wollten. Dass wir uns mochten, war eindeutig. Von neun Stunden Flugzeit waren sowieso nur noch drei übrig.

Als ich bei der Landung aufwachte, redeten wir weiter. Wir fragten uns, ob noch jemand anderes von dem Austauschprogramm mit in unserem Flieger saß. Bislang hatten wir niemanden entdeckt. Aber wir hatten den Flug über auch keine Augen für andere gehabt.

~

Als wir in Peking ankamen, nahmen wir die U-Bahn ins Stadtzentrum. David war in einer WG mit der Programmleiterin untergebracht und stieg vor mir aus. Ich hatte erst in der Nacht zuvor ein Hotel gebucht, und das war gar nicht so leicht zu finden. Zum Glück hatte mir David noch einen Tipp mit auf den Weg gegeben: »Zeig dem Taxifahrer die Adresse, er versteht dich sowieso nicht.«

Er behielt recht, und ich war etwas frustriert, dass die Verständigung mit dem Fahrer nicht funktionierte, obwohl ich extra im New Yorker China Town einen Sprachkurs in Mandarin belegt hatte. Sechs Wochen hatte ich mich jeden Samstagmorgen dort hingeschleppt, obwohl ich zu der Tageszeit eigentlich nicht sonderlich aufnahmefähig war. Besonders passend für mich war der Kurs ohnehin nicht, weil er sich an Menschen mit chinesischen Wurzeln richtete, die den Ursprung ihrer Sprache besser kennenlernen wollten.

Ich lernte kaum etwas, das ich im Alltag hätte anwenden können. Trotzdem wollte ich mein Glück versuchen. Auch im Hotel – sobald wir es gefunden hatten. Denn dort, wo mein Taxifahrer anhielt, waren nur viele unbewohnte Hochhäuser zu sehen. Er fuhr weiter in eine kleine Straße und blieb vor einer riesigen Baustelle stehen. Dann holte er mein Gepäck aus dem Kofferraum und dirigierte mich mit fuchtelnden Händen in Richtung eines Flachbaus. Ich lief hinüber und schaute sicherheitshalber noch einmal zurück. Er machte eine Bewegung, die mir verriet, dass ich anklopfen sollte.

Eine kleine Frau öffnete die Tür. »*Ni hao*«, grüßte ich sie. Weiter reichten meine Sprachkenntnisse nicht. Aus meinem Mandarinkurs wusste ich zwar, dass Eifersucht eine Zusammensetzung der chinesischen Schriftzeichen Messer und Herz war. Wie ich aber auf Mandarin erklären sollte, dass ich ein Zimmer reserviert hatte, war mir ein Rätsel.

Die Kommunikation musste also ohne Worte auskommen. Ich zeigte ihr meinen Pass. Die Frau zeigte mir mein Zimmer. Es lag im Erdgeschoss des zweistöckigen Flachbaus und hatte kein Fenster. Das kannte ich schon von einigen Zimmern aus New York, und es machte mir nichts. Anders als der Fakt, dass es nicht besonders sauber war. Aber ich hatte erst einmal keine Zeit, mich darum zu kümmern. Ich musste weiter zum Abendessen, bei dem ich die anderen Teilnehmer des Programms und die Leiterin kennenlernen sollte.

Die meisten litten unter Müdigkeit und Kopfschmerzen. Aber weil wir uns alle nicht kannten und neugierig aufeinander waren, unterhielten wir uns trotzdem lange.

Nach dem Treffen fiel ich in meinem Zimmer erschöpft ins Bett. Ohne etwas auszupacken und noch komplett angezogen schlief ich ein. Wie sich herausstellte, war das auch besser so: Am Morgen sah ich, wie das Ungeziefer über mich hinwegwanderte. Sofort sprang ich auf und bat die Rezeptionistin um ein neues Zimmer. Zum Glück zückte sie diesmal einen kleinen Sprachcomputer, in den sie ihre chinesischen Schriftzeichen eingab, der nur wenige Sekunden später die englische Übersetzung ausspuckte – und den umgekehrt auch ich benutzen durfte.

Ich bekam ein neues Zimmer: ein Stockwerk höher, immer noch ohne Fenster, aber dafür auf den ersten Blick sauberer. Ob es Ungeziefer gab, konnte ich nicht überprüfen, ich musste schnell zur Universität.

Dort sollten wir in den nächsten Wochen von den chinesischen Dozenten etwas über das Land des Lächelns lernen. Und das Lächeln beherrschten die Dozenten bestens. Vor allem, wenn es dazu diente, die allgegenwärtige Zensur positiver aussehen zu lassen. Doch die hatte starke Auswirkungen auf meine Arbeit als Journalistin. Meinungs- und Informationsfreiheit – essenziell für die freie Presse und in Deutschland in Artikel 5 des Grundgesetzes verankert – sind in China definitiv nicht gewährleistet. Ganz im Gegenteil. Von Freiheit und Offenheit keine Spur. Die chinesische Regierung überlässt nichts dem Zufall, sie will alles kontrollieren.

Das Internet ist nur ein Beispiel: Einen Zugang zu bekommen war kein Problem, aber dann war es nicht möglich, Webseiten wie Facebook, Twitter oder Google auch tatsächlich zu erreichen. Erlaubt waren nur die chinesischen Pendants Renren, Weibo und Baidu. Weil ich mich beim Recherchieren nicht einschränken lassen wollte, hatte ich mir vorab einen sogenannten VPN-Client in Deutschland heruntergeladen. Mit dessen Hilfe, hatte ich mir sagen lassen, sollten sich Webseiten, die von der Regierung in China gesperrt waren, über Umwege und anonym doch noch erreichen lassen. Bei mir funktionierte das. Bei einigen meiner Kommilitonen nicht. In den Pausen tauschten wir uns darüber aus.

Ebenso wie über unsere Wohnsituation. Einige waren nicht zufrieden, weil die Unterbringung zu teuer oder zu weit von der Universität entfernt war. So bot ich ihnen an, mich in meinem Hotel nach freien Zimmern zu erkundigen. Ich verheimlichte ihnen nicht, dass es ein wenig heruntergekommen war, pries aber den günstigen Preis und die Nähe zur Uni an. Zwei andere Stipendiaten nahmen das Angebot dankend an.

Ich versuchte, für die beiden etwas Gutes auszuhandeln. Das war nicht leicht. Die Rezeptionistin holte wieder ihren Übersetzungscomputer heraus, und ich versuchte es mit einer Mandarin-App auf meinem Handy. Nach einigen Missverständnissen und viel Interaktion mit den digitalen Helfern fanden wir schließlich eine Lösung.

Von da an gingen wir drei meist gemeinsam in die Uni. Wir verstanden uns gut, wobei ich mich in den Pausen am liebsten mit David unterhielt. Ich mochte ihn und wollte mich mit einer Freundin über meine Gefühle austauschen.

»Hi Celine«, schrieb ich.

»Wie ist es in China?«, fragte sie.

»Interessant. Sehr anders.«

»Inwiefern?«

»Erkläre ich dir später. Hab nicht so viel Zeit. Wollte dir was anderes erzählen.«

»Okay, schieß los!«

»Ich hab jemanden kennengelernt.«

»Das ist doch schön!«

»Ja, aber ich weiß nicht, ob ich mich auf ihn einlassen soll.«

»Warum denn nicht?«

»Weil ich nicht weiß, ob ich das kann.«

»Weil du Angst hast, ihn irgendwann wieder loslassen zu müssen?«

»Genau!«

»Lass es doch erst einmal auf dich zukommen!«

»Ja?«

»Du sagst mir immer, wie wichtig es ist, im Hier und Jetzt zu leben.«

»Du hast recht! Danke, dass du mich daran erinnert hast.«

»Gern, pass auf dich auf!«

Celine hatte wirklich recht, ich musste mich auf David und unsere Sympathie füreinander einlassen. Aber das fiel mir nach den Verlusten, die ich erlitten hatte, nicht mehr so leicht wie früher.

Die erste Woche verging schnell. Am Samstagabend waren wir alle neugierig, was Pekings Nachtleben zu bieten hatte. Die Bars in China sind etwas gewöhnungsbedürftig, hatte David mir im Flieger erzählt. In den meisten trafen sich schon am frühen Abend ausschließlich Männer, um *Baijiu*, starken Schnaps, zu trinken. David ließ sich von einem Bekannten eine gute Bar empfehlen: *Café de la Poste*, nicht weit vom Lama-Tempel entfernt. Wie der Name verrät, gehörte die Bar einem Franzosen, weswegen wir sie nur noch »French Bar« nannten. Dort trafen wir die anderen Stipendiaten.

Etwas später am Abend ging ich vor die Tür, um etwas Luft zu schnappen. David begleitete mich. Wir setzten uns draußen auf eine Mauer und redeten. Ich erzählte ihm vom Kung Fu, und er erzählte mir, dass er jahrelang Karate gemacht hatte.

Schon etwas angetrunken wollten wir beide unsere Kampfsport-Fähigkeiten unter Beweis stellen. Ich machte den Anfang. Der Alkohol hatte mir meine Angst genommen. Ich zeigte eine Form, David klatschte. Dann war er an der Reihe. Erst genierte er sich etwas, doch am Ende war seine Vorstellung sehr gelungen. Das sagte ich ihm auch, und er freute sich. Wir schauten uns tief in die Augen, unsere Hände berührten sich, und er küsste mich.

Es war schön und fühlte sich so an, als ob wir beide schon seit der ersten Begegnung in Berlin-Tegel darauf gewartet hätten. David fragte, ob wir mit dem Taxi zu ihm fahren wollten. Ich willigte ein und war überrascht von mir selbst.

Auf der Fahrt kreisten die Fragen in meinem Kopf: Ging das nicht alles viel zu schnell? Wollte ich mich in etwas hineinstürzen? Konnte ich das überhaupt, nachdem ich mich in den vergangenen Wochen und Monaten so mit dem Loslassen beschäftigt hatte? Dann fiel mir plötzlich ein, dass David zusammen mit der Programmleiterin in einer WG wohnte, und ich fragte ihn, ob das ein Problem sei. Er verneinte. Trotzdem schlichen wir uns leise in sein Zimmer. Am nächsten Morgen huschte ich genauso unauffällig wieder aus der Wohnung. Im Laufe des Tages meldeten wir uns nicht beieinander.

Erst am Montag in der Uni sahen wir uns wieder. Wir ließen uns nichts anmerken. Und auch der Termin, um die Details für die Geschichten zu besprechen, die wir gemeinsam umsetzen wollten, blieb einfach bestehen.

~

Um uns in Ruhe unterhalten zu können, trafen wir uns in einem Café. Wir wollten über die Luftverschmutzung in China berichten. Denn der Smog war unerträglich. An manchen Tagen konnten wir nicht einmal die Gebäude auf der gegenüberliegenden Straßenseite erkennen. Deswegen joggte ich auch immer mit Mundschutz. Alles andere als bequem und schick, aber leider unumgänglich – auch für längere Fahrradstrecken in der Stadt. Atembeschwerden bekamen wir trotzdem. David und ich tauschten uns aus. Aber ganz ohne Küsse und Zärtlichkeit. Das Treffen verlief ziemlich professionell und freundschaftlich. Genau wie unser Abschied. Nachdem wir noch ein paar Meter mit dem Fahrrad gefahren waren, hielten wir beide kurz an, verabschiedeten uns, und jeder fuhr seines Weges.

Enttäuscht davon, dass nicht mehr zwischen uns passiert war, kehrte ich um, raste ihm hinterher und versuchte, seinen Rucksack zu erwischen. Mir gelang es, ihn zu packen, doch David drehte sich nicht um, sondern fuhr einfach weiter. Ich hinterher. Beim zweiten Versuch hielt ich ihn fester, und er stoppte doch. Völlig verblüfft schaute er mich an und fragte: »Hast du mich gerade am Rucksack gezogen?«

»Ja, ich hab vergessen dich, was zu fragen«, sagte ich.

»Was denn?«

»Wenn wir gemeinsam arbeiten wollen, fände ich es gut, wenn wir klären, was zwischen uns ist.«

»Wir kennen uns doch erst seit einer Woche. Das ist noch recht früh. Aber ich mag dich echt.«

»Keine Sorge. Ich erwarte nicht von dir, dass du mich fragst, ob ich dich heiraten will«, sagte ich.

»Okay.«

»Aber ich würde gern wissen, ob das für dich am Samstag ein One-Night-Stand war oder vielleicht doch mehr als eine einmalige Sache?«

David antwortete nicht. Wir standen noch immer am Straßenrand. Mitten auf einer der verkehrsreichsten Kreuzungen der Stadt. Autos, Motorroller und Busse rauschten an uns vorbei. Wenige Sekunden später küsste er mich. Danach sagten wir kein Wort und fuhren unseres Weges – ich vollkommen beschwingt. Später telefonierten wir noch einmal. Wir wollten uns näherkommen, aber vorerst nichts entscheiden. Weil wir keine Lust hatten, von der Programmleiterin beäugt zu werden, gingen wir zu mir.

Das war erst mal ungewöhnlich für mich, ich hatte seit der Trennung von Arjun vor eineinhalb Jahren niemanden mehr mit zu mir genommen. Mein eigener Raum und das Loslassen waren essenziell für mich geworden. Bei David schien nun etwas anders zu sein. Ich hatte angefangen, mich auf ihn einzulassen, obwohl ich Angst hatte, ihn wieder zu verlieren. Es war interessant, dass nun ich in die Situation geraten war, in der sich die anderen sonst mir gegenüber befunden hatten.

~

In den kommenden Wochen verbrachten wir viel Zeit miteinander. Nachdem wir mit der Stipendiatengruppe für eine Exkursion in die Provinz Hunan geflogen waren, beschlossen David und ich, allein in den Zhangjiajie National Forest Park weiterzureisen. Das etwa fünf Hektar große Gebiet war der erste Nationalpark des Landes. Dort erwarteten uns in die Wolkenmeere aufragende, über zweihundert Meter hohe Sandsteinpfeiler, die durch Erosion entstanden sind. Die Landschaft galt nicht nur als eine der schönsten des Landes, sie ist seit 2010 auch durch den US-Science-Fiction-Film »Avatar« bekannt. Eine der über dreitausend Quarz-Sandsteinsäulen wurde deswegen offiziell umgetauft in: »Avatar Hallelujah Mountain«, weil sie als Vorbild für die Kulisse des Blockbusters gedient hatte. Kein Wunder also, dass dieser Ort als Touristenmagnet fungierte und die Wanderwege überfüllt waren. Die meisten Chinesen hier sahen so aus, als ob sie auf einem Laufsteg und nicht in bergigem Gelände unterwegs wären: hochhackige Schuhe, Glitzer-Outfit, Sonnenbrille und Schmuck. Wichtiges Utensil dabei: die Selfiestange. Darauf können inzwischen auch an anderen Orten der Welt immer weniger Menschen verzichten. Auf einigen Felsvorsprüngen waren sogar die Figuren aus dem Film, drei Meter große Kreaturen mit blauer Haut, aufgestellt, damit man sich mit ihnen fotografieren lassen konnte.

»Vollkommen absurd«, dachten David und ich, aber die chinesischen Besucher waren begeistert und fotografierten nicht die beeindruckende Landschaft, sondern sich und die blauen Plastikwesen vom Planeten Pandora. Der Aufstieg über die steilen Stufen war für sie eine lästige Pflicht und für manche sogar zu anstrengend, weswegen sie sich auf Sänften hinauftragen ließen.

David und ich hingegen wollten die Natur genießen, weswegen wir auch direkt im Park übernachteten. In einer einfachen Unterkunft mitten in den Bergen. Es war schön, dass wir beide so ähnliche Vorstellungen vom Reisen und vom Leben hatten, dachte ich. Als wir uns eng zusammenkuschelten, weil es so kalt in den Bergen war, fragte David mich: »Ist es dir wirklich egal, wie viel dein Partner verdient und was er besitzt?« Ich nickte. David erzählte mir, dass er schon öfter Frauen getroffen hätte, die das behauptet hätten, es am Ende aber anders gewesen sei. Kurz bevor ich in Davids Arm einschlief, sagte ich noch zu ihm: »Mir ist Materielles wirklich nicht wichtig.«

Nach unserem Pandora-Abenteuer ging es weiter Richtung Westen. Nach Sichuan. Die Provinz im Südwesten Chinas ist im Ausland vor allem für den Szechuan-Pfeffer bekannt, der besonders scharf ist. Genauso wie das Essen. Die Spezialität dort hieß: *Huǒguō*. Auf Englisch: *Hot Pot*. Es handelte sich um die chinesische Variante von Fondue, bei dem Brühe und Gewürze in einem Topf erhitzt wurden. Dann wurden Fleisch, Fisch und Gemüse an einem langen Holzstäbchen befestigt und in den Topf getaucht. Dabei gab es zwei Schärfegrad-Optionen: weiß oder rot. Letztere enthielt wesentlich mehr Chili und Szechuan-Pfeffer. In China gibt es überall *Hot-Pot*-Restaurants, besonders viele aber in der Stadt Chongqing. Weil das Gericht dort seinen Ursprung haben soll, reisten wir auch dorthin. Als wir ankamen, merkten wir, dass Großstadt nicht gleich Großstadt ist. Chongqing ist eine Megametropole: etwa so groß wie Österreich und mit viermal so vielen Einwohnern: über dreißig Millionen. Tendenz steigend. Wir waren allerdings überrascht, dass sich das nicht auf den Straßen zeigte, die im Vergleich zu Peking verhältnismäßig leer waren. Später erfuhren wir, dass es daran lag, dass Chongqings gesamtes Stadtgebiet mehr als 82.000 Quadratkilometer umfasst und sich die Bewohner in der größten Stadt der Welt so gut verteilen. Im Hostel war davon allerdings nichts zu merken – wir bekamen nur noch einen Platz in einem Schlafsaal mit fünfzehn Hochbetten. Aber wir blieben ja nur für eine Nacht. Und das Hostel lag in der Nähe eines der besten Hot-Pot-Restaurants der Stadt. Um es zu finden, überprüften wir die Route trotzdem mehrfach auf dem Handy, weil die chinesischen Schriftzeichen für uns nach wie vor eine sehr große Herausforderung waren.

Als wir im Restaurant ankamen, mussten wir noch eine halbe Stunde auf unseren Tisch warten. Und so beobachteten wir das Treiben. Schön war das Ambiente hier nicht. Ganz im Gegenteil. Hier dominierten Körperflüssigkeiten. Den meisten perlte der Schweiß nicht nur von der Stirn, er strömte regelrecht an ihren Körpern herunter. Das musste am Essen liegen, denn besonders heiß war es an diesem Abend nicht. Die Kellner belieferten die Gäste fleißig mit Spießen und Töpfen. Dann brachten sie die Brühe zum Brodeln. Die Geräuschkulisse wurde jedoch von etwas anderem beherrscht: dem Rotzen der Gäste. Mit absoluter Selbstverständlichkeit schnauften sie immer wieder Flüssigkeiten aus ihrer Nase. David sah meinen irritierten Blick und sagte: »Das macht man hier so, gehört einfach dazu.«

Es erinnerte mich an meinen chinesischen Mitbewohner in Sevilla, der mir damals das Gleiche erklärt hatte. Für mich war das, wie viele andere Sitten in China, wirklich gewöhnungsbedürftig. Dazu gehörte auch, dass wir schon an Läden vorbeigegangen waren, wo man sich die Tiere, die man verspeisen wollte, vorher noch lebend aussuchen konnte. Dabei wurde kein Unterschied gemacht zwischen Huhn oder Hund. »Eigentlich konsequent«, dachte ich mir. Auch wenn das für mich als Vegetarierin sowieso nicht infrage kam.

Doch die Chinesen hatten auch da eine andere Auffassung: Huhn oder Fisch waren für sie kein Fleisch, weshalb sie in den meisten vegetarischen Gerichten enthalten waren. Und da ich die Sprache nicht beherrschte, führte dieses Fleischverständnis dazu, dass ich häufig nur Reis aß. Auch wenn es mir nichts ausmachte, auf viele Spezialitäten des Landes verzichten zu müssen, freute ich mich doch auf den *Hot Pot*. An den Spießen würde ich gut erkennen können, was dran war und was ich zu mir nahm.

Als wir dann vor unserem brodelnden Topf saßen, kitzelte uns der scharfe Geruch von Chili in der Nase. Und nachdem wir ein paar Spieße verzehrt hatten, lief auch uns das Wasser herunter. Anders als die Besucher um mich herum nahm ich eine von den Servietten aus einem Ständer, wischte mir damit aber nicht den Schweiß ab, sondern putzte mir die Nase. Obwohl ich kaum ein Geräusch machte, drehten sich die anderen Gäste und das Personal nach mir um. David und ich blickten etwas erschrocken zurück, und ich fühlte mich ertappt.

Die Gäste schüttelten den Kopf, fuchtelten mit den Händen, und ein Mann an unserem Nachbartisch demonstrierte in Zeitlupe, wie man richtig rotzt: erst hochziehen, dann alles kräftig durch die Nase raus. Schulterzucken bei David und mir. Dann rotzte David voller Inbrunst neben sich auf den Boden und schaute mich erwartungsvoll an. Mir war klar, dass ich aus der Nummer nicht mehr herauskommen würde. Ich wusste, dass abweichendes Verhalten im Land des Lächelns oft einen Gesichtsverlust mit sich brachte, was uns nicht nur den Abend verderben, sondern negative Folgen haben konnte. Das wollte ich auf gar keinen Fall. Also schnäuzte auch ich auf den Boden. Erst etwas verlegen, später aber so wie die anderen, als ob ich das schon mein Leben lang gemacht hätte. Der Mann, der uns die Technik demonstriert hatte, wandte sich zufrieden seinem *Hot Pot* zu, und das Personal ging seiner Arbeit weiter nach. Die peinliche Unterbrechung war vorüber. Und am nächsten Abend – also nach etwas mehr als 24 Stunden – auch unsere Zeit in der Millionenstadt.

Mit dem Nachtbus ging es in das dreihundert Kilometer weiter westlich liegende Chengdu. Die Hauptstadt Sichuans kam uns im Vergleich zu unserer vorherigen Station mit seinen über vierzehn Millionen Einwohnern nun schon recht klein vor. Aber sie hatte zwei Gemeinsamkeiten mit Chongqing: Sie war bekannt als Wirtschaftsmetropole und hatte ein Wahrzeichen Chinas zu bieten: die Pandabären, da sich im Norden der Stadt eine große Aufzuchtstation befand. Da die Tiere dort aber in Gefangenschaft lebten und ihre natürlichen Lebensgewohnheiten nicht entfalten konnten, entschieden wir uns gegen einen Besuch.

Stattdessen fuhren wir über 700 Kilometer in den Norden nach Xi'an. Die Hauptstadt der Provinz Shaanxi ist ein Ausgangspunkt der Seidenstraße und weltbekannt für die Terrakotta-Armee. Bevor wir uns auf den Weg dorthin machten, wollten wir aber erst einmal die Stadtmauer, die noch fast vollständig erhalten war, mit einem Tandem erkunden. Wir dachten, dies sei eine gute Idee, da Fahrräder in der Beziehung zwischen David und mir ein wichtiger und verbindender Gegenstand waren. Beide radelten wir gern und teilten eine große Leidenschaft für diese umweltfreundliche Fortbewegungsart. Ich liebte mein Rennrad, das ich in New York gekauft hatte. Er schwärmte für Rennräder und Mountainbikes, um lange Strecken und abenteuerliche Trails zu entdecken. Auch unsere Zeit in Peking war von Fahrrädern geprägt. Nicht nur bei unserem romantischen Kuss mitten auf der Kreuzung, sondern auch an dem Tag, an dem ich meine Pedale verloren und David mich an seiner Hand auf dem Rad quer durch Peking gezogen hatte. Heute verband uns statt der Hände die Kette des Tandems.

Wir radelten, bis die Sonne unterging und die roten Lampions am Mauerrand leuchteten. Dann mussten wir das lange Zweirad an der Verleihstation zurückgeben. Der Regen, der nun einsetzte, hielt leider bis zum nächsten Tag an, genau wie die Kälte. Das Wetter vermieste uns auch unseren Besuch beim Mausoleum, das für den ersten Kaiser Chinas – Qín Shǐhuángdì – errichtet worden war. Die Grabanlage, die zu einer der größten der Welt zählt, beherbergt die sogenannte Terrakotta-Armee.

Vor der ersten Gruppe mit über sechstausend Soldatenfiguren blieb ich stehen und las mir die Infotafel durch. Der Kaiser hatte mit dreizehn Jahren angefangen, sein Mausoleum zu planen. Sehr vorausschauend. Auch in anderer Hinsicht: Zum Schutz wollte er viel Besitz anhäufen. Der Kaiser hatte große Angst, dass sein Volk ihn umbringen könnte, und so verdonnerte er über 700.000 Untergebene, ihm Tausende Kriegsstatuen zu bauen. Die meisten waren größer als die Menschen damals selbst – bis zu 180 Zentimeter – und wogen bis zu dreihundert Kilogramm. Aber der Kaiser hatte wohl einen Hang zu solchen Bauten, denn er ließ auch die Chinesische Mauer errichten, die David und ich nach unserer Rückkehr nach Peking ebenfalls besuchten.

~

Diese Bauten gaben mir zu denken: Sie wirkten aus minimalistischer Sicht natürlich dekadent. Dem Kaiser sollten sie Sicherheit geben, weil er Angst hatte, und das vor allem vor den Menschen, seinem Volk, das er offenbar nicht für sich hatte gewinnen können. Aber auch andere prächtige Bauten, die ich auf der Welt gesehen hatte, strahlten absoluten Luxus aus: das Taj Mahal, die Grabmoschee in Indien, oder das Empire State Building in New York. Dann fragte ich mich, wie Bauwerke aussehen würden, wenn Funktionalität die Maxime bei der Konstruktion gewesen wäre. Viele würden wahrscheinlich sagen: ziemlich trist. Anderen würde genau das gefallen. Luxus kann aber auch Vorteile haben. Laut der Theorie von Adam Smith, dem schottischen Philosophen und einem der Urväter der Ökonomie, soll der Wohlstand von wenigen später zum Wohlstand aller führen. Er nannte das den »*Trickle-Down-Effect*«. Auch wenn die meisten lange und vergeblich auf das Einsetzen dieses Effekts warten, gibt es viele Fälle, bei denen Innovationen anfangs ein Luxus weniger Privilegierter waren, später aber allen zugänglich gemacht wurden. Glühbirnen sind ein Beispiel dafür. Der Zugang zum Internet ein anderes. Man könnte daraus schlussfolgern, dass mancher Luxus auch Fortschritt bedeuten kann. Aber andere Innovationen stellen uns auch vor ethische Konflikte, wie Gentechnik, künstliche Intelligenz oder Reproduktionsvorhaben.

Ich dachte in dem Moment auch an eine Recherche, die ich mit Daniel drei Jahre zuvor durchgeführt hatte. Wir waren damals zum Mount Rushmore im US-Bundesstaat South Dakota geflogen. Zu den vier Köpfen von ehemaligen US-Präsidenten, die dort als Denkmal in das Gebirge gemeißelt sind. Eine gemeinnützige Organisation hatte die Präsidentenköpfe mit Lasern gescannt, um sie – wie andere kulturelle Stätten auf der Welt – zu konservieren und im Fall von Kriegen, Anschlägen oder Naturkatastrophen rekonstruieren zu können.

Die Arbeit, deren Resultat virtuelle Sicherungskopien sind, macht das Prinzip des Loslassens hinfällig. Denn alles, was losgelassen wird oder losgelassen werden muss, kann durch diese Technologie zurückgeholt und erneut materialisiert werden. Dies zeigt die große Angst, die wir Menschen seit jeher vor Tod und Vergänglichkeit haben. Aber hat diese Endlichkeit nicht auch ihren eigenen Reiz?

Sollten wir nicht lernen, Vergangenes loslassen zu können? Einen Umgang zu finden, um mit dem Verlust zu leben? Weil wir sonst zu stark an der Vergangenheit oder Zukunft hängen?

Diese Gedanken holten mich zurück in die Gegenwart. Ich war in China, dem Reproduktions-Weltmeister, vor allem im Kunstbereich. In Shenzhen, einer Millionenstadt im Süden des Landes, die David und ich später besuchten, liegt die weltweit größte Produktionsstätte für Ramsch-Kunst. Hier werden Kopien von Meisterwerken am Fließband produziert. Rund fünf Millionen pro Jahr. Dabei kann selbst die vollkommenste Rekonstruktion niemals das Original ersetzen. Mit den Reproduktionen wird eine Vergangenheit zu imitieren versucht, die sich nicht imitieren lässt. Denn eine Erfahrung, die ich in der Vergangenheit gemacht habe und mit einem Gegenstand verbinde, wird bei einer späteren Betrachtung eine komplett andere sein. Mit der Reproduktion hängt man dem Vergangenen nach und hindert sich daran, im Hier und Jetzt zu sein. Vielleicht hatte ich deshalb an Daniels Beerdigung auch nichts von seinen Sachen mitnehmen können, weil es ihm wichtig war »im Hier und Jetzt zu leben«.

Auf Chinesisch bedeutete diese Fähigkeit *Shaolin*. Die gleichnamige Kung-Fu-Kampfkunst zählt zum immateriellen Kulturerbe Chinas, und damit passte sie besser in meine Welt. Deswegen wollte ich gern zu der Gründungsstätte reisen, dem buddhistischen Shaolin-Kloster am Berg Song Shan in der Provinz Henan, und wir machten uns auf den Weg dorthin. Von Xi'an fuhren wir zunächst mit dem Reisebus nach Luoyang. Dort mussten wir in einen Minibus in Richtung Zehngshou umsteigen, der auch in Dengfeng stoppte. Den Halt zu identifizieren, war wieder nicht ganz einfach. Diesmal nicht nur wegen der chinesischen Schriftzeichen und der geringen Englischkenntnisse der Landbevölkerung, sondern auch, weil der Bus so überfüllt war, dass wir nicht durchs Fenster gucken konnten. Im Gang saßen nicht nur Menschen auf Kartoffelsäcken mit ihren Sachen, es gackerten auch Hühner in der Menge. Irgendwie gelang es uns trotzdem, in Dengfeng auszusteigen.

Erleichtert standen wir allein an der Dorfstraße. Ich war wahrscheinlich noch gelöster als David. Leider nicht, weil ich mich freute, den Ursprung meiner Kampfsportart kennenzulernen, sondern weil es mir gar nicht gut ging. Das viele Reisen bei Nässe und Kälte hatte mir zu schaffen gemacht. Außerdem war mir unser letztes Essen nicht so gut bekommen. Ich schleppte mich von der Straße den Hang in Richtung Shaolin-Tempel hinauf. Er war geschlossen, weil es bereits spätabends war. Das machte aber nichts, denn ich hatte auf Empfehlung meines *Shifu* ein Zimmer in einer der Kung-Fu-Schulen reserviert. Es hatte keine Heizung und war schlecht isoliert. An sich hätte mir das nichts ausgemacht. Doch mir war bitterkalt, ich hatte Nierenschmerzen und brauchte Wärme.

Am Morgen wachte ich früh von den Geräuschen kleiner Jungen auf, die vor unserer Tür mit ihrem Kung-Fu-Training begonnen hatten. Ich schaute auf mein Handy: 4.30 Uhr. David schlummerte neben mir mit seinen Ohrstöpseln. Doch ich konnte nicht mehr weiterschlafen. Meine Nase lief, und meine Neugierde auf das Shaolin-Zentrum war zu groß.

Also ging ich schon mal unter die eiskalte Dusche und lief anschließend hinunter zur Rezeption, die wie am Abend nicht besetzt war – uns war telefonisch mitgeteilt worden, in welchem der Zimmer wir unterkommen konnten. Ich brühte mir einen Tee auf – heißes Wasser gab es in China fast überall – und beobachtete die Jungen beim Training. Sie trugen rote Anzüge mit weißen chinesischen Schriftzeichen und die gleichen Kung-Fu-Schuhe wie ich: weiß mit einem roten und einem blauen Streifen. Bei ihnen sahen die Formen perfekt aus. Anders als bei mir. Aber ich fragte mich auch, ob sie freiwillig im Shaolin-Kloster waren. Dann war das Training schon zu Ende. Ich schaute auf mein Handy: sieben Uhr. Zwar noch etwas früh, um David zu wecken, aber wir hatten nur einen Tag hier. Wir machten uns auf den Weg zu dem alten Tempel und folgten dafür den zahlreichen Mönchen mit kahlgeschorenen Köpfen in grauen Roben. Aus der Ferne sahen wir bereits die grünen geschwungenen Dachsparren. Typisch in der chinesischen Architektur, um die Weite und Großzügigkeit zu betonen. Ausgedehnt war auch die Tempelanlage selbst, die aus niedrigen purpurroten Backsteingebäuden bestand, die durch graue Höfe miteinander verbunden waren. Es roch intensiv nach Räucherstäbchen, die man vor einigen Gebäuden anzünden konnte. Der Eingang wurde von Drachen aus Stein bewacht. Darüber thronten goldene chinesische Schriftzeichen. Aus Gold war auch der lachend-kugelbäuchige Buddha, der uns in der ersten Halle erwartete. Kein Wunder, denn das Shaolin-Kloster gilt als die Geburtsstätte des Chan-Buddhismus, dem Vorläufer des Zen. Erbaut wurde es vor 1500 Jahren, und seitdem sind viele Mönche hier gewesen, deren Überreste in den Pagoden neben der Tempelanlage aufbewahrt werden. Wir liefen über den Friedhof mit den vielen kleinen Steintürmen, auf die inzwischen die Sonne schien.

Es herrschte eine ganz andere Atmosphäre als im Ashram in Indien. Die kleinen, weitläufigen Tempelgebäude hier fügten sich viel besser in das Gebirge ein als der pinke Tempel und die Hochhäuser in die von Palmen gesäumte Küste in Indien. Aber die Orte hatten auch etwas gemein – sie zielten auf Disziplin und Einheitlichkeit ab. Nicht nur im Erscheinungsbild – die Shaolin-Mönche waren alle in Grau, die Ashram-Anhänger alle in Weiß gekleidet –, sondern auch hinsichtlich der Art, wie die Mönche den Einklang mit sich selbst suchten: über die Meditation. In Indien wurde zudem Yoga, in China eben Kung Fu praktiziert.

Ich realisierte, dass ich das Prinzip der Einfachheit gut fand, aber weder eine Glaubensordnung noch einen bestimmten Ort dafür brauchte. Darauf konnte ich gut verzichten. Praktische Erfahrungen halfen mir viel eher weiter. Und deswegen wollte ich auch in Zukunft noch mehr davon sammeln.

# An seine Grenzen gehen

Nach Davids und meiner gemeinsamen Reise brauchte ich eine neue Bleibe in Peking. Weil es nicht so leicht war, ein Privatzimmer für einen Monat zu bekommen, war ich froh, als ich im Internet eine passende Anzeige fand. Eine Chinesin vermietete ihr Zimmer in einer Zweier-WG, weil sie testweise mit ihrem Freund zusammenziehen wollte. Das vertraute sie mir aber nur an, weil ich nicht aus China kam; aus ihrem Umfeld durfte es niemand wissen. Denn im Land des Lächelns ist Frauen vieles untersagt. Das war mir zuerst bei einer Studentin aufgefallen, die uns in der Uni helfen sollte. Anfangs dachte ich, sie sei nur schüchtern. Als ich ihr ein paar Fragen stellte, merkte ich jedoch, dass sich Dinge, die andernorts relativ normal waren, in China für Frauen nicht schickten. Alkohol trinken, flirten oder sich zu einem Date verabreden – das war für die meisten tabu. Auch die Studentin, die mit 26 nur zwei Jahre jünger war als ich damals, hatte diese Dinge nach eigenen Angaben noch nie versucht.

Die WG-Chinesin, die zu ihrem Freund aus Norwegen ziehen wollte, schien das anders zu handhaben: Ich bekam das Zimmer. Was sie meiner neuen und ihrer alten Mitbewohnerin über mich erzählt hatte, wusste ich nicht – ich konnte nicht mit ihr reden, da sie kein Englisch und ich nach wie vor kein Mandarin sprach. Aber ich sah sie sowieso nur sehr selten. Trotzdem war es ein komisches Gefühl, weil ich mir nicht sicher war, ob sie Bescheid wusste und was genau nun mein Status war. Vielleicht dachte sie, ich wäre nur zu Besuch.

Um mit meinen wenigen Klamotten besser auszukommen, hatte ich mir inzwischen angewöhnt, eine Woche helle Wäsche und die darauffolgende Woche dunkle Wäsche zu waschen. Und ich war froh, dass ich nicht – wie häufig auf meinen Reisen – zum Waschsalon gehen oder meine Wäsche per Hand mit Shampoo oder anderer Seife durchwaschen musste, weil es in der WG eine Waschmaschine gab. Beim Schleudergang machte sie jedes Mal einen solchen Lärm, dass ich befürchtete, sie könnte explodieren. Doch das störte meine Mitbewohnerin scheinbar nicht. Sie schritt erst ein, als David eines Abends bei mir übernachtete.

Am nächsten Morgen erhielt ich ermahnende Nachrichten auf meinem Handy, dass es ein absolutes No-Go in China sei, einen Mann, mit dem ich nicht verheiratet war, bei mir übernachten zu lassen. Darüber klärte mich die Chinesin, die mir das Zimmer vermietet hatte, auf und leitete mir die Beschwerden meiner Mitbewohnerin weiter.

Das hätte ich mir nach meinen bisherigen Erfahrungen mit chinesischen Frauen eigentlich denken können. Denn sie lassen sich von den Vorstellungen der Gesellschaft stark einschränken: Wilde Karaoke-Abende waren für viele Chinesinnen das höchste der Gefühle. Tanzen war hingegen untersagt. David war genauso irritiert wie ich, aber wir wollten die Kultur respektieren und schliefen fortan nur noch in seiner WG. Dort störte das anscheinend weder seinen Mitbewohner noch unsere Programmleiterin, wie wir inzwischen festgestellt hatten.

Mich entsetzte die Unfreiheit meiner Geschlechtsgenossinnen allerdings so sehr, dass ich zum Thema recherchierte. Passenderweise war ich den letzten Monat in China als Hospitantin in einer Redaktion beschäftigt und konnte die dortige Infrastruktur nutzen. Das Magazin kämpfte gegen die Zensur im Land. Eine Kollegin erzählte mir, dass Chinesinnen, die mit Mitte zwanzig noch nicht verheiratet waren, als *Sheng Nü*, Übriggebliebene, bezeichnet wurden. Der Begriff hatte eine sehr negative Konnotation, da in China die perfekte Frau sich früh binden, ein Kind bekommen und gleichzeitig Karriere machen sollte. Sex ohne Ehe bedeutete den Gesichtsverlust.

Weil der gesellschaftliche Druck für Frauen so hoch war, mieden sie viele Bereiche, selbst solche, die in ihrem Land eine lange Tradition hatten – wie etwa Kung Fu.

Als ich die Kampfkunst in Peking ausüben wollte und bei der Schule anrief, die mir mein *Shifu* in Berlin empfohlen hatte, meldete sich dort zwar eine Frau, sie war jedoch sehr überrascht, dass ich vorbeikommen wollte. Sie dirigierte mich zu einer U-Bahn-Station im Norden von Peking und bot mir an, mich dort abzuholen. Auf dem Weg zur Kung-Fu-Schule erzählte sie mir, dass diese zu den besten der Welt gehöre. Zahlreiche Jackie-Chan-Filme seien dort gedreht worden, auch die Performer für die Eröffnungszeremonie der Olympischen Spiele 2008 habe man dort rekrutiert. Einige Schüler seien Weltspitze, trainierten dafür aber auch neun Stunden täglich.

Als wir die Schule erreichte hatten, herrschte reger Betrieb. Wir schlängelten uns an Hunderten Jungs, die ihre Übungen machten, vorbei zu meinem Trainer. Er musterte mich von oben bis unten und forderte mich auf zu zeigen, was ich von der Kampfkunst schon beherrschte. Damit mir alle Schüler dabei zusehen konnten, pfiff er sie zusammen. Ich war aufgeregt, alle Formen stockten, und mir gelang nichts so, wie ich es sonst geübt hatte.

Wenige Minuten später signalisierte mir der Lehrer, dass ich aufhören sollte. Die Jungs kicherten. Ernüchtert, eingeschüchtert und wie eingefroren stand ich da. Dann wollte der Trainer wissen, was ich über Kung Fu erfahren hatte. Die Angestellte der Schule übersetzte, und ich antwortete, dass die meisten Formen zwar auf Kampfsituationen basierten, aber anders als bei anderen Kampfkünsten der Wettkampf nicht im Fokus stehe. Der Trainer nickte und fügte hinzu: »Beim Kung Fu geht es um Beharrlichkeit!«

Das nahm ich mir zu Herzen und kam wieder. Jede Woche dreimal. Die Verständigung verlief ähnlich wie bei vielen Begegnungen in China: Der Trainer sprach so wenig Englisch wie ich Mandarin. Also versuchte er, mir die Kung-Fu-Formen vorzumachen und so beizubringen. In der Regel gelang ihm das auch. Wenn nicht, versuchte er es vorsichtig doch auf Englisch: »*Quigili.*« Erst nach mehrfachem Wiederholen verstand ich, dass er damit »*quickly*«, also »schnell«, meinte. Es muss ihm ähnlich gegangen sein, wenn ich versuchte, etwas auf Mandarin zu sagen.

Bei dem harten Training stieß ich allerdings nicht nur an sprachliche, sondern auch an meine körperlichen Grenzen. Andererseits ging es um Ausdauer und Disziplin, und die hatte ich mir im Laufe der Jahre doch immer mehr antrainiert.

Nach ein paar Wochen rief der Trainer die Frau, die mich am ersten Tag zur Schule gebracht hatte, wieder zu uns. »Es ist schön, wie enthusiastisch du bist«, übersetzte sie. Nun sei ich bereit, eine eigene Waffe zu bekommen. Er schenkte mir das Kung-Fu-Schwert, mit dem ich trainiert hatte. Zwar müsse ich noch viel lernen, aber er sei froh, dass ich die Herausforderung angenommen habe.

Ich war stolz. Auf das Schwert wollte ich von nun an – wie auch auf meine Kung-Fu-Schuhe – nicht mehr verzichten und es sofort David zeigen. Doch mit der Waffe zu ihm, ins Zentrum von Peking, zu gelangen, war ein schwieriges Unterfangen.

Die Kung-Fu-Schule lag am nördlichen Rand der Stadt, am äußersten Ring. Sechs Ringstraßen führten um Peking herum und waren mir in der riesigen Stadt eine wichtige Orientierungshilfe. Allerdings nur auf dem Stadtplan! Denn auf den Straßen selbst herrschte viel Verkehr. Da stand ich nun im Norden von Peking. Es gab hier zwar eine U-Bahn-Station, aber die durfte ich nicht betreten. An jedem Eingang gab es eine Sicherheitskontrolle, bei der die Taschen der Fahrgäste durchleuchtet wurden. Als ich dort mit meinem Schwert aufkreuzte, wurde ich sofort mit fuchtelnden Handbewegungen weggeschickt. Ich hatte Angst, dass man mir mein Schwert abnehmen könnte. Gleichzeitig strömten mir vom Eingang Hunderte Menschen entgegen, die mich fast überrannten. Schnell ergriff ich die Flucht. Was sollte ich tun?

Um zu laufen, war es definitiv zu weit. Dafür würde ich mehr als zwei Stunden brauchen, aber nur, wenn ich direkt den Weg fand. Da das unwahrscheinlich war und es schon dunkel wurde, musste ich ein Taxi nehmen. Ich stellte mich an die Straße, doch kein freier Wagen hielt an – wahrscheinlich wegen des Schwerts. Ich verstand es nicht ganz, weil ich wusste, dass ich mit dem stumpfen Ding niemanden verletzen konnte. Anscheinend wirkte die Waffe mit der geschwungenen Klinge jedoch auf andere gefährlich. Für mich selbst war das Schwert weit mehr als ein Souvenir, es erinnerte mich an etwas Beständiges in meinem Leben, Kung Fu, das mir in schwierigen Lebenssituationen geholfen hatte. Ich wollte deswegen gut darauf aufpassen.

Schließlich versteckte ich das Schwert hinter meinem Rücken. Wenige Minuten später hielt ein Taxi an und nahm mich mit. Wie immer zeigte ich dem Fahrer die chinesischen Schriftzeichen der Adresse auf meinem Handy. Er fuhr los. Nach einigen Kilometern starrte er durch den Spiegel zu mir auf die Rückbank. Mein Schwert war verrutscht und zum Vorschein gekommen. Er hielt an, schmiss mich aus dem Fahrzeug und ließ mich am Rand der Schnellstraße einfach stehen.

Bis das nächste Taxi anhalten würde, konnte es eine Weile dauern, und der Akku meines Handys war fast aufgebraucht. Ich machte mir Sorgen, weil ich den Fahrern ja nur mithilfe des Geräts die chinesische Adresse zeigen konnte. Zum Glück nahm mich bald ein Taxi mit, und ich war froh, als ich endlich in der WG ankam. Ich steckte mein Handy ans Ladegerät und rief David an, der gerade in der Nähe war. Er kam vorbei, ich zeigte ihm stolz mein Schwert und erzählte ihm von der Odyssee, die ich auf mich genommen hatte, weil mir das Schwert – als einer von wenigen Gegenständen – so wichtig war. Wir waren beide erschöpft vom Tag und schliefen Arm in Arm ein.

Am nächsten Morgen wurde ich von einem Anruf meiner Vermieterin geweckt. Da ich nicht so schnell ans Telefon gehen konnte, terrorisierte sie mich mit Nachrichten, in denen sie ankündigte, gleich vorbeizukommen. Dann erst realisierten David und ich, dass es darum ging, dass er über Nacht geblieben war. Er ergriff die Flucht. Wir waren uns einig, dass dies besser war, doch Ärger gab es trotzdem. Und wie. Wutentbrannt stand die Chinesin vor mir und stellte mich zur Rede: »Wo ist der Typ?«

»Hier ist niemand«, sagte ich.

»Du lügst!«, schrie sie.

Das stimmte zwar nicht, trotzdem hatte ich ein schlechtes Gewissen, dass ich mich nicht an unsere Vereinbarung gehalten hatte. Wenn auch nicht mit Absicht.

»Du musst gehen!«, befahl sie und schaute mich böse an.

»Aber …«

»Kein Aber«, unterbrach sie mich. »Nimm dein Zeug und hau ab!«

Ich willigte ein, um mehr Streit aus dem Weg zu gehen. Außerdem wäre ich ohnehin nur noch zwei Nächte geblieben. Aber ich verlangte meine Kaution zurück.

»Vergiss es, du hast meine Ehre verletzt!«

Ich nahm meine Sachen und verließ die Wohnung. Ohne Kaution. Zum Glück nur ein Bruchteil von dem, was ich damals in New York hatte bezahlen müssen.

Auf meinem Weg nach draußen freute ich mich über die Nachricht von David: »Ich hoffe, es ist nicht allzu schlimm ausgegangen. Komm gern zu mir. Kuss.« Ich schnappte mir ein Taxi und fuhr zu ihm.

~

Mich plagte mein schlechtes Gewissen. Eigentlich hatte ich mich in China wie in allen Ländern zuvor bemüht, der Kultur entgegenzukommen. Beim Essen immer etwas übrig gelassen, mich für alles bedankt und Visitenkarten immer mit beiden Händen in Empfang genommen und genauestens betrachtet. Bei einer Einladung hatte ich ein Geschenk mitgebracht und mich nach der für den Anlass passenden Farbe der Blumen erkundigt. So hatte ich gelernt: weiße Blumen immer nur in Trauerfällen – obwohl ich sie persönlich sehr gern mochte. Inzwischen hatte ich mein Verständnis und meine Geduld so geschult, dass es mir gelang, in den meisten Situationen ruhig zu bleiben, auch dann, wenn ich mit etwas ganz und gar nicht einverstanden war.

Dazu zählte in China zum Beispiel der Konsum- und Schönheitswahn. In Shanghai, wie auch in vielen anderen großen Städten, wimmelte es von Shoppingmalls und Beautysalons. »Schön, dass ich mit dir da nicht hin muss«, hatte David auf unserer Reise gesagt. »Ja, keine Sorge«, antwortete ich. Ich erzählte ihm von meiner Kollegin und dass sie bei der letzten Zahnarztkontrolle darauf hingewiesen worden war, dass sie ihre Brüste und Nase operieren lassen sollte, wenn sie noch einen Mann abbekommen wollte.

»Unfassbar«, war Davids Reaktion gewesen, und ich war froh, dass wir beide andere Vorstellungen von Schönheit hatten und uns vor allem Natürlichkeit wichtig war. In den vergangenen drei Monaten hatte ich gemerkt, dass David und ich ähnliche Prioritäten im Leben hatten. Durch das gemeinsame Arbeiten und Reisen waren wir uns nähergekommen.

Doch nun war die Zeit des Stipendiums fast vorbei. Zum Abschluss waren wir noch gemeinsam nach Shenzhen gereist, wo wir unsere vorerst letzte Geschichte recherchierten. Die Stadt im Süden Chinas grenzt direkt an Hongkong. Von dort aus wollte ich weiter nach Indonesien fliegen und David zurück nach Deutschland, um das anstehende Weihnachten mit seiner Familie zu verbringen.

Die letzte Nacht schliefen wir bei einem Freund, den David noch von seinem letzten Chinabesuch kannte. Wir lagen nebeneinander auf dem Bett und redeten darüber, wie es nach unserer Trennung – zumindest der räumlichen – weitergehen würde.

»Wenn du zurück nach Berlin kommst, kannst du erst einmal bei mir wohnen«, bot mir David an.

»Ich weiß nicht, ob das eine gute Idee ist«, sagte ich.

»Wieso?«, fragte David.

Ich spürte, dass uns die gemeinsame Zeit einander schon sehr nah gebracht hatte, ich ihm aber noch nicht absolut vertrauen konnte. Wahrscheinlich lag das an mir und an den Dingen, die geschehen waren. Ich musste an Oma Lise und an Daniel denken und erinnerte mich noch gut daran, wie es sich angefühlt hatte, als ich die beiden gehen lassen musste.

Ich hatte bisher immer den schwierigen Weg gewählt, dachte ich mir, und nun wollte ich es mir leicht machen. Statt mich weiter auf David einzulassen und mich ihm zu öffnen, wollte ich ihn loslassen, bevor noch mehr Emotionen entstanden, die eine Trennung nur schmerzhafter machen würden. Vor allem wollte ich nicht, dass mir die Trennung später aufgezwungen wurde, denn ich wusste, wie furchtbar das war. Jetzt konnte ich noch selbst entscheiden, deswegen antwortete ich David: »Ich möchte frei sein.«

»Aber das bist du doch«, entgegnete er.

»Indonesien ist mein erster Urlaub, seit ich angefangen habe, als Journalistin zu arbeiten.«

»Ist doch schön, genieß ihn.«

»Da möchte ich aber ungebunden sein.«

Nun sagte David erst einmal nichts mehr. Er war traurig und verstand nicht, warum ich das mit uns so überstürzt beenden wollte. Aber ich traute mich auch nicht, ihm die Wahrheit zu sagen: dass ich Angst hatte.

Auf einmal sagte er: »Du bist frei und kannst tun und lassen, was du magst.«

»Für dich ist das okay?«, fragte ich verwundert.

»Ja, warte doch erst einmal ab, was die Zukunft bringt.«

Ich war wieder einmal überrascht von Davids Zuversicht und Gelassenheit. Das mochte ich sehr an ihm. Er vertraute darauf, dass alles gut werden würde. Auch wenn es einige unsichere Faktoren gab, wusste er, dass Zwänge nicht helfen würden. Außerdem meinte er, dass es nicht wichtig sei, irgendetwas nach außen zu definieren, sondern viel wichtiger, was wir fühlten, und dass das bei ihm eben sehr viel sei und er sich freue, wenn wir uns wiedersehen würden. Das machte den Abschied auf einmal doch schwer für mich. Ich hatte mich zu schützen versucht, indem ich mich frühzeitig von ihm trennen wollte. Aber nun, wo er angefangen hatte, über Emotionen zu sprechen, spürte ich, wie viel ich für ihn empfand. Dazu beigetragen hatten sicherlich die gemeinsamen Vorstellungen vom Leben, und auch jetzt bewies er wieder, dass ihm feste Zuschreibungen nicht wichtig waren. Selbst in Bezug auf uns konnte er darauf verzichten. Da konnte ich noch etwas von ihm lernen. Ich nahm ihn in den Arm und sagte: »Tut mir leid.«

Am nächsten Morgen brachte er mich zum Bootsanleger, wo meine Fähre nach Hongkong ablegte. Wir küssten uns, und ich hatte Tränen in den Augen. Es war anders als ein Abschied von meinen Freunden oder meinen Eltern. Nicht, weil sie mir unwichtiger waren, sondern weil ich wusste, dass ich sie wiedersehen würde. Aber mit David war alles noch neu. Ich vertraute wenig darauf, dass wir uns wirklich noch einmal treffen würden. Ich hatte Angst. Es war eine empfindliche Stelle, die ich mir womöglich auch über meinen Lebensstil eingehandelt hatte: Ich hatte Angst, das Wenige zu verlieren, das mir noch blieb.

Die Fähre hupte, um die Fahrgäste zur Abfahrt zu rufen. Ich lief über den Steg, das Schiff fuhr los, und durch die beschlagenen Fenster sah ich David. Je weiter ich fuhr, desto kleiner wurde er. Bis er auf einmal komplett in der Ferne verschwunden war. Genau wie das Festland von China.

~

Als ich in Indonesien ankam, war es bereits Nacht. Ich landete auf Bali und fuhr direkt in die Unterkunft, die meine Freundin Monique für uns gebucht hatte. Sie selbst würde erst in ein paar Stunden ankommen. Durch ein Klopfen an der Tür wachte ich nach kurzem Schlaf auf – und da war sie auch schon! Wir umarmten uns innig, sagten kaum etwas und legten uns schlafen, weil wir beide noch so erschöpft waren. Es war schön, dass wir nicht viel miteinander reden mussten und uns verstanden, obwohl wir uns über sieben Monate lang nicht gesehen hatten.

Nachdem wir beide ausgeschlafen hatten und aufgestanden waren, gingen wir direkt zum Strand. Darüber waren wir uns sofort einig. Wir quatschten, bis langsam die Sonne unterging. Weil wir inzwischen Hunger bekommen hatten, wechselten wir in ein Restaurant an der Strandpromenade. Dort bestellten wir beide *Gado Gado*, ein typisch indonesisches Gericht: Reis, Gemüse, Salat, Eier und die Sojaprodukte Tofu und Tempeh, bei dem ganze Bohnen fermentiert werden, dazu Erdnusssoße. Die Speise hatte mir meine Freundin Lina empfohlen, deren Vater aus Bali stammt. Ihre Tipps waren meine einzige Vorbereitung auf diesen Urlaub gewesen.

Monique hatte noch einen Reiseführer gekauft, und gemeinsam blätterten wir durch das Buch. Wir waren schnell überfordert, weil Indonesien so viel zu bieten hatte: über 17.000 Inseln. Und wollten wir lieber Abenteuer oder Erholung? Strand oder Dschungel? Oder doch Kulturgüter? Viel sehen, kürzer bleiben oder genau das Gegenteil? Mir fiel auf, dass ich mich bislang hatte treiben lassen – auf den Drehreisen mit Daniel durch Kalifornien, Australien und Neuseeland, aber auch mit David war ich schnell einig gewesen, dass wir ohne allzu viel Planung reisen wollten. Mit den beiden war ich ähnlich vertraut wie mit Monique. Trotzdem konnten wir uns kaum zu etwas entscheiden. Wahrscheinlich weil wir beide so überarbeitet waren. Denn das gemeinsame Arbeiten mit David in China war schön gewesen, hatte aber auch viel Kraft gekostet. Nicht nur wegen der Sprachschwierigkeiten, sondern auch aufgrund der Recherchen. Wir hatten aufpassen müssen, dass wir nicht zu kritisch waren. Sonst hätte es Ärger geben können vonseiten der Regierung.

Nach stundenlanger Diskussion entschieden Monique und ich uns erst einmal für einen Mopedausflug zu den Reisterrassen ganz in der Nähe unseres Hostels. Wir waren sofort begeistert von der Natur, den großen Palmen, den grünen Urwaldbäumen und den exotischen Blumen, sodass unser nächstes Ziel schnell feststand: Kalimantan, der indonesische Teil der Insel Borneo. Dort tuckerten wir ein paar Tage mit einem *Klotok*, einer Art Hausboot, und einer dreiköpfigen Crew sowie einem Ranger durch den Dschungel. Tagsüber zeigte uns der Ranger die vom Aussterben bedrohten Orang-Utans und Nasenaffen. Abends saßen wir mit der kompletten Besatzung zusammen an Deck. Wir schauten in den klaren Sternenhimmel, es roch nach Schnaps, den die Crew trank, und zu hören waren nur das Rauschen des Wassers und die ungewohnten Geräusche des Dschungels sowie die Geschichten, die wir uns erzählten.

Dabei wurde mir bewusst, was ich alles schon erlebt hatte. Es war ein bisschen so wie damals, als ich in Hamburg die Wohnung aufgelöst und die Vergangenheit hatte Revue passieren lassen. Und obwohl ich seitdem auf viel verzichtet hatte, fühlte ich mich nun noch reicher. Reich an Erfahrungen, die mir niemand nehmen konnte und die ich gern mit Menschen teilte. Am liebsten mit David. Nach ihm sehnte ich mich in diesem Augenblick. Hier im Dschungel gab es kein Internet. Wir hatten schon seit über einer Woche nicht miteinander kommunizieren können. Und ich merkte, dass ich vielleicht gar nicht mehr so frei sein wollte, wie ich vor dem Indonesienurlaub gedacht hatte. Dass ich David verbunden war und mir das auch gefiel. Andererseits wollte ich losgelöst leben. Auch das hatte mir bislang gutgetan. Ich war innerlich zerrissen, aber ich ließ den Zwang los, mich entscheiden zu müssen.

~

Am 24. Dezember liefen Monique und ich um ein Uhr nachts los, um auf der Insel Jakarta einen Vulkan zu erklimmen. Das hatte ich vorher schon einmal in Italien getan: den Ätna bestiegen. Aber tagsüber. Mitten in der Nacht zu wandern war etwas unheimlich. Wir konnten nicht sehen, wo der Krater sich befand, weshalb wir die Tour nur mit einem Führer machen durften.

Er brachte uns noch vor Sonnenaufgang hinauf, damit wir die blauen Flammen des Schwefels bewundern konnten. Schon von Weitem stach uns der beißende Geruch in die Nase. Aber wir gingen weiter und erblickten das seltene Lichtspiel, für das der Vulkan Kawah Ijen bekannt ist.

Als die Sonne schließlich aufging, waren wir erschöpft von unserer Nachtwanderung und setzten uns mit Blick auf den Kratersee hin. Aus meinem Rucksack kramte ich eine Packung Kekse. »Unsere Weihnachtsplätzchen«, spaßten wir. Nachdem wir sie aufgegessen hatten, mussten wir uns wieder auf den Rückweg machen, um unseren Bus zurück nach Bali zu bekommen.

Zwölf Stunden Fahrt lagen vor uns, zwei davon auf einer Fähre. Aber wir waren froh, Weihnachten so zu verbringen und dem Festtagstrubel zu entkommen. Für uns war das zu viel Konsum, zu viel Stress und viel zu viel Druck, dass alles harmonisch ablaufen musste, was gerade deswegen oft nicht gelang.

Natürlich gab es auch in Indonesien Probleme, doch die Menschen sorgten sich umeinander. Es erinnerte mich an den Zusammenhalt der Menschen in Neuseeland. Den bemerkte man in Indonesien auch auf den Straßen, dort stand vielerorts: »*Hati Hati*«, was so viel wie »Pass auf dich auf« bedeutet.

Den Menschen schien ein entspanntes und ruhiges Miteinander sehr wichtig zu sein, und selbst als wir mit dem Bus im Stau standen, änderte sich daran nichts. In Deutschland hätte in solch einer Situation sofort jemand gehupt oder sich aufgeregt. Oft hatte ich in diesen Momenten schon gedacht: »Hört auf zu jammern!« Und dann war ich mir bei dem Gedanken wiederum selbst so vorgekommen, als ob ich mich beschweren würde. Die Menschen in Indonesien lächelten einfach. Sie wussten, dass sie sowieso nichts an dem Stau ändern konnten.

Ihr Optimismus beeindruckte mich und wäre auch andernorts auf der Welt hilfreich, dachte ich. Mit der Erkenntnis war ich nicht die Erste. Die entspannte Mentalität der Indonesier hatte vor mir schon andere Menschen begeistert, etwa die amerikanische Autorin Elizabeth Gilbert. Sie hat diese Erfahrungen in ihrem Bestseller »Eat, Pray, Love« einem größeren Publikum zugänglich gemacht. In dem Roman reist die Protagonistin nach Ubud, genau wie wir, allerdings um die Liebe und sich selbst zu finden.

Als wir den idyllisch zwischen Reisterrassen gelegenen Ort erreichten, tummelten sich dort viele Rucksacktouristen, um hier, im kulturellen Zentrum Balis, ihre aus dem Ruder gelaufene »Work-Life-Balance« zu pflegen.

Und wie kommt es zu diesem Ungleichgewicht? Das schaffen viele sich in der heutigen Zeit selbst. Wir setzen uns beruflich und privat unter zu großen Leistungsdruck und jammern in der Folge über die Belastungen, und irgendwann, meist wenn es fast schon zu spät ist, wollen wir eine Auszeit nehmen. So wie Monique und ich.

Indonesien war meine erste Auszeit, seitdem ich angefangen hatte, als Journalistin zu arbeiten. Zuvor hatte mich lediglich meine Gesundheit zum Innehalten gezwungen, nach dem Tod von Oma Lise und Daniel. Aber selbst gewählt hatte ich eine Pause erst jetzt. Es tat gut, und ich realisierte, dass es viel besser wäre, wenn es mir auch im Alltag gelingen würde, eine bessere Balance zu finden. Zwar hatte ich mir regelmäßig Zeit zum Laufen genommen und um Kung Fu zu machen, aber den Fokus auf mein eigenes Inneres zu lenken – das hatte ich nur gewagt, wenn ich dazu gezwungen wurde.

Mein Leben war in den vergangenen Jahren immer schneller und atemloser verlaufen. Für mich war das Rastlose zum Alltag geworden. Einerseits, weil ich es so wollte, denn ich liebte es, die Welt zu entdecken. Andererseits aber auch, weil es mir schwergefallen war, als freie Journalistin Aufträge abzusagen. Ich hatte Angst, Jobgelegenheiten zu verpassen und um meine Finanzen bangen zu müssen. Denn in dieser Hinsicht war ich nach wie vor nicht frei: Ich war – wie wir alle – abhängig vom Geld. Viel verdiente ich nicht, aber das war vielleicht auch nicht der Hauptgrund für mein exzessives Arbeiten. Auch ich war ein Opfer unserer Leistungsgesellschaft. Auch bei mir war der Drang nach Perfektionismus ausgeprägt, ich sehnte mich nach Erfolg.

»Aber was genau bedeutet Erfolg?«, fragte ich mich. Ich musste an Lara denken, und mir wurde klar, dass Erfolg von der Perspektive abhängt. Was für den einen perfekt ist, mag es für den Nächsten ganz und gar nicht sein. Ich fragte mich, ob ich anderen etwas schuldig war oder ob ich mich nicht vielleicht auch selbst unter Druck setzte. Als ich darüber nachdachte, entdeckte ich ein Holzschild an der Wand des Cafés, in dem ich mit Monique saß. Darauf stand: »*The best day of your life is the one where you decide your life is your own. No apologies or excuses, no one to lean on, rely on or blame. The gift is yours. It is an amazing journey and you alone are responsible for the quality of it. This is the day your life begins.*«

Das Zitat des Autors Bob Moawad bedeutet: »Der beste Tag deines Lebens ist der, an dem du dich entscheidest, dass dein Leben dir gehört. Keine Entschuldigungen oder Ausreden. Es gibt niemanden, an den du dich anlehnen, niemanden, auf dessen Hilfe du dich verlassen, niemanden, dem du die Schuld geben kannst. Das Geschenk gehört dir. Es ist eine wunderbare Reise, und du allein bist dafür verantwortlich, wie gut sie wird. Heute ist der Tag, an dem dein Leben beginnt.«

Da hatte ich meine Antwort: Ich setzte mich selbst zu viel unter Druck und obwohl ich eigentlich frei sein konnte, gelang es mir noch nicht. Denn mir war die Verantwortung gegenüber anderen sehr wichtig. Nicht nur gegenüber meinen Auftraggebern, sondern vor allem auch denjenigen, denen Ungerechtigkeit widerfährt, weil sie mit Konventionen umgehen müssen, die ihnen die Gesellschaft oder Religion auferlegt. Das hatte ich in China und Indien erlebt und deshalb darüber berichtet. Und genau deswegen wollte ich auch wieder nach Indien reisen.

~

Zur Vorbereitung ging es im neuen Jahr 2014 von Indonesien erst einmal zurück nach Berlin. Die Rückreise trat ich allein an, der Flug von Monique ging erst einen Tag später. Sie konnte sich also noch etwas länger am Stand der paradiesischen Gili-Inseln, einer Inselgruppe vor Bali, von unseren Abenteuern erholen. Da es dort weder motorisierte Fahrzeuge noch gepflasterte Straßen gab, zog ich meinen Koffer durch den Sand zum Hafen, wo ich mit einem kleinen Boot zur nächstgelegenen Insel Lombok übersetzte.

Dort warteten bereits Mopedfahrer auf Touristen wie mich, um sie zum Flughafen zu fahren. Ich ging hinüber, doch als sie meinen großen Koffer sahen, winkten sie ab und zeigten zum Taxistand. Die Fahrt wäre aber teurer gewesen. Also holte ich die Rucksackträger aus meinem Koffer und schnallte ihn auf meinen Rücken. Den kleinen Rucksack nahm ich vor die Brust. Da guckten die Fahrer erstaunt und lachten. Einer forderte ein bisschen mehr Geld – trotzdem nur halb so viel wie die Taxifahrer – und nahm mich mit. Der Rucksackkoffer, den ich sowohl rollen als auch aufsetzen kann, hatte sich auf meinen Reisen schon häufig als nützlich erwiesen. Genau wie jetzt. Ich war froh über diesen praktischen Besitz.

Mit Fahrtwind im Gesicht ging es zum Flughafen. Ich freute mich auf das Wiedersehen mit David, den ich seit über einem Monat nicht gesehen hatte – aber wir waren per Skype und Chat in Kontakt geblieben. Er hatte mir gesagt, dass er mich vom Flughafen Berlin-Tegel abholen würde, wo wir uns kennengelernt hatten.

Zur Begrüßung nahm er mich diesmal fest in den Arm und gab mir etwas zögerlich einen zarten Kuss auf den Mund. Dann fuhren wir mit der U-Bahn zu ihm nach Kreuzberg. Auf dem Weg redeten wir ununterbrochen. Es war schön, dass wir uns trotz der langen Trennung schnell wieder so nah waren. Er fragte mich nach Indonesien, ich ihn nach Berlin.

»Mit dir wird es nie langweilig«, sagte er und lächelte. Ich schmunzelte. Denn das sagten auch meine Eltern regelmäßig zu mir.

Kurz darauf kamen wir in seiner Einzimmerwohnung an. Obwohl er – anders als ich – sehr viele Dinge angehäuft hatte, gefiel sie mir auf Anhieb.

Während er uns etwas zum Abendessen kochte, schaute ich mir seine Sachen genauer an: ein Poncho aus Peru, ein

Didgeridoo aus Australien, Rum aus Haiti. Reiseandenken prägten seine Wohnung. Zudem thronte ein Fahrrad über seinem Bett, seine Regale waren gefüllt mit Büchern, und sein Fotoequipment bewahrte er in unzähligen Boxen auf. Darunter einige Zigarrenschachteln seines verstorbenen Großvaters, von dem er auch Geschirr, Bilder und Figuren übernommen hatte. All das hatte David auf knapp vierzig Quadratmetern verstaut. Auf denen wohnten wir nun erst einmal zusammen.

Für uns beide war dies eine große Umstellung. Wir gaben in unterschiedlicher Form unsere Freiheit auf. Für David war Berlin seine Base. Er ist zwar in Norddeutschland aufgewachsen, aber gleich nach dem Zivildienst in die Hauptstadt gezogen und wohnte nun schon seit über zehn Jahren in der Wohnung. Während seiner Reisen, die er so gern unternahm wie ich, vermietete er sie unter. Allerdings verreiste er meist nur einmal im Jahr weiter weg, weil er in Berlin arbeitete, gern Zeit dort verbrachte und es ihm sehr wichtig war, für seine Freunde da zu sein. Der Großteil von ihnen lebte in Berlin, und die meisten kannten sich untereinander.

Bei mir war das ganz anders: Meine Freunde waren überall auf der Welt verstreut und kannten sich in der Regel nicht. Auch deshalb war es für mich schwer, mich wirklich für eine Base zu entscheiden.

In Berlin sollte ich nun Davids Leben und seinen Freundeskreis kennenlernen. Am nächsten Abend gingen wir zur Geburtstagsfeier eines Freundes, wo ich mit vielen seiner Kumpels ins Gespräch kam. Sie waren alle nett, und David freute sich, dass ich mich gut mit ihnen verstand. Gleich am darauffolgenden Abend stand die nächste Party an. Wieder viele neue Leute, Fragen und Gespräche. Ich fühlte mich von der Ruhe der weitläufigen indonesischen Insel in den Trubel Berlins geschmissen. An sich machte mir das nicht viel aus, schließlich musste ich mich häufig auf neue Situationen einstellen. Aber diesmal ging es nicht nur um mich, denn ich hatte das Gefühl, dass ich als Davids neue Freundin eine Rolle erfüllen musste. Das fiel mir nicht leicht.

Seit der Trennung von Arjun vor zwei Jahren war ich in keiner festen Beziehung gewesen. Außerdem wusste ich nicht, wie es weitergehen würde mit David und mir. Es verunsicherte und überforderte mich, dass ich etwas sein musste, von dem ich selbst noch nicht wusste, was das war.

Die Musik auf der Party schepperte durch die Boxen, Schweiß und Rauch vermischten sich zu einem äußerst unangenehmen Geruch, und um mich herum sprangen alle von einem Small Talk zum nächsten. »Echt anstrengend«, dachte ich mir und sehnte mich nach meinen eigenen Freunden. Einige von ihnen lebten auch in Berlin, aber ich hatte sie seit meiner Ankunft noch gar nicht gesehen.

Am nächsten Morgen sprach ich mit David darüber und erklärte ihm, dass ich erst einmal ankommen musste. Etwas überrascht fragte er: »Du? Ankommen?«

»Ja, auch ich brauche das. Für mich und für uns.«

»Okay, okay, verstehe!«

~

In den nächsten Tagen kehrte etwas Ruhe und Alltag ein. David fuhr in sein Journalistenbüro, ich arbeitete in seiner Wohnung. Zudem traf ich endlich auch meine Freunde. Einige Abende verbrachten wir zu zweit. Doch es kam immer häufiger zu Streit, dessen Auslöser zumeist Lappalien waren.

Es war gut, dass David spontan einen Auftrag in Südkorea erhielt und für ein paar Tage nach Asien flog.

Als er weg war, fragte ich mich, warum das mit unserem Zusammenwohnen nicht richtig klappte. Bislang hatte ich deswegen eigentlich nie Probleme mit Freunden gehabt, und auf unseren Reisen in China hatten David und ich uns hervorragend verstanden. Ich fragte mich, ob ich zu sehr in seinen Raum eingedrungen war. Vielleicht hatten wir uns auch in etwas verrannt und waren in Wirklichkeit zu unterschiedlich. Denn jetzt, wo wir zusammenwohnten, lernten wir uns noch viel besser kennen als auf den Reisen. Wir hatten zwar viele Gemeinsamkeiten, waren aber überraschenderweise vom Wesen sehr unterschiedlich. David war ruhig und abwartend, ich schnell und aktiv.

Die Gegensätze hatten auch Vorteile: Er holte mich runter, und ich spornte ihn an. Nach wie vor gemein hatten wir unsere Sehnsucht nach der Fremde und unsere Freude an Reisegeschichten. Das zeigte sich auch nach Davids Rückkehr.

Er erzählte begeistert von seinen Erlebnissen. Er verglich Südkorea mit China und resümierte, dass die Konsumgesellschaft dort auch auf Hochtouren lief. Ich fragte mich, ob die marktwirtschaftliche Entwicklung ein asiatisches Phänomen war und recherchierte dazu im Internet. Dabei stieß ich auf einen Artikel über Minimalismus bei jungen Japanern. Nach der geplatzten Wirtschaftsblase in den Neunzigerjahren und der Nuklearkatastrophe von Fukushima war die heutige Jugend geprägt von materieller Übersättigung. Viele versuchten, sich durch Verzicht davon abzugrenzen. Den Wegweiser dafür schrieb Takao Suzuki mit seinem Buch »Was braucht der Mensch zum Leben?«. Die Antwort des japanischen Autors war: Tisch, Stuhl, Futon sowie Laptop, Smartphone und ein paar Kleidungsstücke. Besonders wichtig war seiner Meinung nach außerdem ein eigener Raum zum Leben.

Genau den wünschte ich mir nach dem einengenden Zusammenwohnen bei David. Denn ich realisierte, dass die Enge die eigentliche Ursache für unsere Streitereien war. Wir hatten keinen Rückzugsort mehr, der uns beiden aber sehr wichtig war. Da wir schon in einer Woche nach Indien fliegen wollten, lohnte sich ein Umzug für mich nicht mehr. Außerdem gab es noch einiges zu tun: Arztbesuche für die nötigen Impfungen, Medikamente, die besorgt werden mussten, allerdings nur wenige – denn die meisten waren in Indien ohnehin nicht wirksam, wie ich bei meiner ersten Reise gelernt hatte. Außerdem musste ich ein Touristenvisum beantragen. Dafür hatte ich mir extra einen zweiten Pass besorgt, weil in meinem ersten Ausweis noch das US-Journalistenvisum eingeklebt war, das die Einreise nach Indien erschwert hätte. Denn für eine investigative Recherche, wie ich sie vorhatte, war es besser, den Ämtern meine berufliche Tätigkeit zu verschweigen.

Einen Monat lang wollte ich in Indien für mein erstes Buch recherchieren, in dem es um Gewalt gegen Frauen gehen sollte. Ich plante die wahre Geschichte einer von Missbrauch betroffenen indischen Frau zu erzählen. Jeden Tag wollte ich mindestens drei Interviews mit ganz unterschiedlichen indischen Frauen führen: mit Mitarbeiterinnen von Nichtregierungsorganisationen, mit Anwältinnen und mit Frauen, denen Gewalt widerfahren war – in der Arbeit, im häuslichen Umfeld oder im öffentlichem Raum. David wollte mich dabei unterstützen und Fotos machen.

Zwischenzeitlich hatte ich darüber nachgedacht, die gemeinsame Reise abzusagen. Denn ich hatte Angst, dass unsere noch so junge Beziehung den Strapazen einer solchen Recherchereise nicht standhalten und es weiter zu Streitereien kommen könnte. Doch ich sah die Reise auch als Chance für uns und freute mich darauf, die Freiheit des Reisens mit David zu genießen. Zum Glück bekamen wir das Touristenvisum und flogen im März 2014 zum ersten Mal gemeinsam nach Indien.

Wie mit Arjun startete ich auch mit David in Neu-Delhi. Dann reisten wir in die Provinzen Haryana, Rajasthan und Himachal Pradesh, danach in den Süden nach Tamil Nadu und schließlich in den Westen nach Mumbai.

Während ich die Frauen traf, konnte David das bunte Treiben in Indien, das ich schon von meinem ersten Aufenthalt dort kannte, auf sich wirken lassen. Bei schwierigen Terminen hielt er sich in der Nähe auf, damit er mir im Zweifel zu Hilfe eilen konnte. Am wichtigsten war seine Anwesenheit bei den Treffen, bei denen Männer involviert waren, denn häufig sprachen sie nicht mit mir – einer Frau. Oft wurde ich von den Männern ignoriert. Das war neu für mich. Bei meinem letzten Indienbesuch hatte Arjun sich um die Unterkünfte gekümmert oder ich war allein unterwegs gewesen. Doch diesmal war es anders. Obwohl ich die Unterkünfte vorab im Internet gebucht hatte und sie auch mit meiner Kreditkarte bezahlen musste, kommunizierte das Personal in der Regel mit David.

Das gleiche Szenario, wenn wir in ein Restaurant gingen. Immer wieder kam es vor, dass David für mich bestellen musste, weil die Servicekräfte auf mich nicht reagierten. Für uns beide eine unangenehme Situation. Es passte zu den Geschichten, die mir einige indische Frauen anvertrauten: von Mädchen, die sich selbst erhängten, weil sie vom Vater verstoßen worden waren; Frauen, die mit ihrem Vergewaltiger zusammenlebten, weil das besser für sie war, als allein zu wohnen; weiblichen Föten, die abgetrieben wurden, weil sie das falsche Geschlecht hatten.

In der Form und vor allem in der Masse war ich nicht darauf vorbereitet gewesen. So viel Leid hatte ich mit Arjun bei meinem ersten Besuch in Indien nicht wahrgenommen. Wahrscheinlich auch deshalb nicht, weil seine Familie mich absichtlich davon ferngehalten hatte.

~

Als David und ich nach Berlin zurückkehrten, kam ich mit den unterschiedlichen Realitäten nicht klar. So viel Elend erlebt zu haben und ein paar Tage später mit den Freunden feiern zu gehen, war für mich auf gewisse Weise absurd. Ein Gin Tonic in einer Berliner Bar kostete so viel, wie einige Menschen in Indien in zwei Wochen nicht verdienten. Den meisten hätte das, was ich zum Vergnügen ausgab, ihr Überleben gesichert. David verstand mich gut, aber er konnte besser mit der Situation umgehen. Vielleicht lag das auch daran, dass er in der Regel nicht bei den Gesprächen mit den missbrauchten Frauen dabei gewesen war. Anfangs fiel es mir schwer, meine Trauer in Worte zu fassen. Es führte bei dem ersten Wiedersehen mit Freunden dazu, dass ich gehen wollte, obwohl wir gerade erst angekommen waren. David war etwas überrascht, aber er hatte in Indien schon mitbekommen, dass mir die Geschichten der Frauen sehr nahegingen, und er war verständnisvoll für mich da gewesen. Trotzdem überkam mich nach unserer Rückkehr oft eine tiefe Traurigkeit.

Ich fing wieder mit Kung Fu an. Das hatte mir bereits geholfen, als ich nach Daniels Tod so traurig gewesen war. Mein alter *Shifu* erkannte mich sofort wieder. Genauso wie eine Frau, mit der ich Monate zuvor trainiert hatte. Sie war Psychotherapeutin, wie ich mich jetzt erinnerte. Vor den Aufwärmübungen fragte sie mich, wie es mir gehe und wie meine Indienreise verlaufen sei, von der ich ihr beim letzten Mal erzählt hatte. Da platzte es aus mir heraus: »Ich bin an meine Grenzen gegangen.«

»Warum? War das denn kein Urlaub?«

»Nein, ich habe über Gewalt gegen Frauen recherchiert.«

»Ach krass, hast du auch mit welchen gesprochen?«

»Ja, jeden Tag.«

»Mit wie vielen denn?«

»Mindestens mit drei Frauen pro Tag. Einen Monat lang.«

»Das ist zu viel. Kein Wunder, dass es dir nicht gutgeht. Da würde jeder an seine Grenzen stoßen. Das macht doch was mit dir.«

»Hast du da Erfahrungen?«

»Ja, ich spreche viel mit traumatisierten Menschen.«

»Wie oft?«

»Zweimal die Woche. Mehr geht nicht.«

Die Psychologin riet mir, mich um Unterstützung zu kümmern. Ich bedankte mich. Nach dem Training dachte ich nach und meldete mich dann bei meiner Therapeutin. Erst war sie überrascht, aber als ich ihr von meinen Recherchen in Indien erzählte, verstand sie es gut.

Diesmal schlug sie allerdings eine andere Therapieform vor: Ich sollte Bildmetaphern malen. Das konnte ich mir erst überhaupt nicht vorstellen. Wie sollten mir selbst gemalte Bilder dabei helfen, mit meinen Erlebnissen umzugehen?

Die Therapeutin erklärte mir, dass meine negativen Erinnerungen durch positive Bilder »übermalt« würden. Das helfe meinem Gehirn, die düsteren Erfahrungen zu verarbeiten. Auch wenn mich das nicht sofort überzeugte, wollte ich es wenigstens versuchen. Schließlich hatte ich schon oft erlebt, dass aus neuen Perspektiven viel Positives entstehen konnte. Und nach Indien zurückreisen, um die Arbeit fortzuführen, konnte ich ohnehin nicht, da dort gerade Monsun war.

Ich blieb also den Sommer über in Berlin. Ich suchte mir ein eigenes WG-Zimmer zur Zwischenmiete, da Davids Bude auf Dauer einfach zu klein für uns beide war.

Zweimal die Woche ging ich zur Maltherapie. Es gab kaum Vorgaben, außer dass ich mit der ungeübten Hand und von innen nach außen malen sollte. Ansonsten war es ein sehr freier Prozess, der Zeit brauchte. Als Erstes malte ich einen Herrenschuh und zerbrach mir den Kopf darüber, was das über mich aussagen sollte. Doch meine Therapeutin empfahl mir, mich von der Frage nach dem Warum zu verabschieden. Das war gar nicht so leicht.

Als Nächstes malte ich eine Karotte, danach eine Geige. Nach und nach gelang es mir, mich von den negativen Gedanken zu lösen. Auch durch kleine Hilfestellungen meiner Therapeutin: Wenn ich nur ein paar Schritte vom Bild zurücktrat und es mit Abstand betrachtete, half das schon, eine neue Perspektive zu finden. Das nächste Bild war eine Sonnenblume. Auch wenn ich nicht verstand, wie es funktionierte, gelang es mir beim Malen dieser Bilder, die negativen Emotionen loszulassen, welche die Begegnungen und Erzählungen der Frauen in mir freigesetzt hatten. Ich konnte die Gewalt und Ungerechtigkeit, die ich in Indien mitbekommen hatte, immer besser von meinem eigenen Leben abgrenzen. Leider schossen mir trotzdem hin und wieder noch furchtbare Bilder durch den Kopf: die Narben auf der Haut der Frauen, die von der Gewalt zeugten, die ihnen widerfahren war; die Augen der Frauen, die voller Hilflosigkeit, voller Leid waren und gleichzeitig voller Hoffnung. Mir wurde klar, dass ich ihnen gegenüber eine Verantwortung hatte, ich wollte für diese Frauen da sein und für sie kämpfen. So entschloss ich mich, im Winter erneut nach Indien zu fliegen, die Frauen wiederzutreffen und ihre Geschichten für ein Buch zu dokumentieren. David begleitete mich abermals.

~

Dieses Mal blieben wir drei Monate. Wieder reisten wir in die Metropolen Neu-Delhi und Mumbai und in die Provinzen Haryana und Rajasthan, aber auch nach Assam im Osten und Kerala ganz im Süden. Ich war durch die Therapie gut vorbereitet und hatte mir das Thema Diskriminierung von Frauen selbst ausgesucht – erträglicher machte es die Sache aber nicht. Durch die persönlichen Gespräche wurde mir bewusst, dass Erotik für viele indische Frauen ein Luxus war, den sie nie erleben würden. Sex war für sie von Gewalt geprägt.

Nicht nur in Bezug auf ihr Liebesleben waren diese Frauen unfrei, sondern auch in allen anderen Lebensbereichen. Die Männer entschieden, wen sie trafen, ob und welchen Beruf sie ausübten – am besten einen, bei dem sie eine gute Hausfrau bleiben konnten – oder welche Kleidung sie trugen.

Mir wurde vor diesem Hintergrund bewusst, was mein größtes Geschenk war: die Entscheidungsfreiheit. Nicht nur als Frau, weil ich in unserer Gesellschaft vergleichsweise emanzipiert aufwachsen konnte, auch wenn es da noch viel Potenzial nach oben gab. Sondern auch als Individuum.

Während meiner Zeit in Indien machte ich mir immer wieder bewusst, dass die Frauen dort permanent der Diskriminierung ausgesetzt waren und trotzdem nicht aufgaben. Da durfte ich erst recht nicht aufgeben, dachte ich. Ihr Mut inspirierte mich und verlieh mir Stärke. Sonst hätte ich die Dauerbeschäftigung mit diesem Thema wahrscheinlich nicht durchgestanden. Ich war dankbar für die Begegnung mit den Frauen, in die ich mich hineinzuversetzen gelernt hatte.

Als ich wieder nach Deutschland zurückkehrte, hatte ich mich an die ständigen Demütigungen gewöhnt, denen man als Frau in Indien ausgesetzt ist. Das merkte ich in einer alltäglichen Situation: Ich ging zum Gemüsehändler, um Artischocken zu kaufen. Der Verkäufer steckte sie in eine Papiertüte und fragte: »Willst du wissen, wie man sie aufschneidet?« Ich erstarrte. Er merkte, wie eingeschüchtert ich war, und sagte freundlich: »Keine Sorge, war nur ein Angebot.« »Danke, aber ich muss los«, stotterte ich und verließ fluchtartig den Gemüseladen. Obwohl das eigentlich nicht meine Art war. Wahrscheinlich hatte mich in der Situation einfach nur die Freundlichkeit des Mannes überrascht, weil ich sie nicht mehr gewohnt war.

Auch ohne Auslöser bekam ich immer wieder Flashbacks von den indischen Frauen, wie sie mir von ihrem Leid erzählten. Jedes Mal, wenn ich beim Schreiben meines Buches daran dachte, verspürte ich Wut und Angst. Ich suchte wieder Hilfe bei meiner Therapeutin, die mir erklärte, dass die Geschichten aus Indien auch bei mir Wunden hinterlassen hätten. Ich sei durch sie scheinbar selbst traumatisiert. Wenn ein

Erlebnis vollkommen unbegreiflich bleibe, wirke sich das auf die Denkprozesse und Kernüberzeugungen von uns Menschen aus.

Die Publizistin Carolin Emcke, mit der ich einmal zum Thema Auslandsberichterstattung gemeinsam auf einem Tagungspanel saß, brachte diesen Vorgang wie folgt auf den Punkt: »Es lässt sich so schwer verstehen, weil man es nicht verstehen will. Die Psyche sperrt sich, das moralische Empfinden sperrt sich, das Bewusstsein sperrt sich.«

Das Zitat stammt aus ihrem Buch »Weil es sagbar ist«. Darin plädiert sie dafür, dass man über das Unfassbare berichtet, auch wenn man dabei an seine Grenzen stößt.

~

Nachdem ich mit dem Manuskript fertig war, wollte ich das Thema endlich loslassen und reiste mit David nach Island. Wir mieteten ein Auto, ließen uns treiben und hielten an, wo wir wollten: Vor aktiven Vulkanen, gigantischen Wasserfällen oder Gletschern. Leider waren wir dabei meist nicht allein. Die Ringstraße, auf der wir den zweitgrößten Inselstaat Europas umrunden wollten, war gut besucht. Bei Rad- und Motorradfahrern genauso wie bei Camping- und Geländewagenenthusiasten und sonstigen Individualreisenden. Aber auch bei zahlreichen Touristengruppen, die Islands Natur bestaunten. Besonders beliebt: die putzigen Papageientaucher, die ich auch sofort in mein Herz schloss; Geysire, die kochend heißes Thermalwasser in die Höhe stießen; und Wasserfälle, die fast hinter jeder Ecke auftauchten. Die Reise funktionierte wie erhofft als gute Ablenkung von den negativen Indien-Erfahrungen.

Wir freuten uns, dass wir uns in den vielen heißen Quellen aufwärmen konnten – tatsächlich hatten wir den schlechtesten Sommer seit fünfzehn Jahren erwischt, so die Isländer. Da es ununterbrochen regnete, zweifelten wir nicht an ihrem Urteil. Bei einer geführten Wanderung zum Krater der Askja, einem der größten Vulkangebiete Islands, gerieten wir sogar in einen Schneesturm – mitten im Hochsommer. Mit solchen Wetterverhältnissen hatten wir nicht gerechnet. Schön war es trotzdem.

Um den vielen Touristen aus dem Weg zu gehen, suchten wir nach besonderen Orten, die noch nicht ganz so bekannt waren. Dazu gehörte zum Beispiel das Djúpavík, die »Bucht der Abgründe«. Sie liegt an der Ostküste der Westfjorde. Der gleichnamige Ort war fast menschenleer, ebenso die alte Heringsfabrik mit ihren großen Silos, in denen vor fünfzig Jahren noch der Tran der Fische gelagert worden war. Ein Haus, in dem damals die Arbeiterinnen der Fabrik wohnten, wurde von einem Ehepaar aus Reykjavík liebevoll renoviert und in ein Hotel umgewandelt. Wir nächtigten in einem kleinen karminroten Cottage, in dem vor uns die isländische Band Sigur Ros übernachtet hatte, nachdem sie in einem der Silos der alten Heringsfabrik ein exklusives Konzert gegeben hatte. Kein Wunder, denn es war fantastisch dort und ganz bestimmt kein Ort des Massentourismus.

Am liebsten campten wir allerdings in der unberührten Natur. Als wir einmal am Ende eines Fjords im Zelt lagen, Schafe über den Strand liefen und die Sonne gemächlich unterging, freute ich mich, bei David zu sein. Ich erinnerte mich an den Abend in Indonesien, als ich ihn vermisst hatte. Nun lag er neben mir im Zelt und schlief. Und ich fragte mich wieder: »Ob Loslassen mir immer guttut, ob ich nicht auch an etwas festhalten sollte?« Es war mir immer schwergefallen, mich an einen Ort oder an einen Partner zu binden. Ich atmete tief die klare Luft ein und sah David an, der sich im Schlaf bewegte. Vielleicht war genau jetzt der richtige Moment, um mich zu entscheiden, dachte ich. In Indien hatten wir so viel gemeinsam erlebt. David war immer für mich da gewesen, in all diesen schweren Situationen. Und auch in der Zeit danach, als ich mich mit meinem Trauma beschäftigt hatte. Warum hätte ich ihm nicht vertrauen und mich voll und ganz auf ihn einlassen sollen? David hatte mir gezeigt, dass ich ihm vertrauen konnte. Für ihn war ich bereit, ein Stück meiner Freiheit aufzugeben und wieder länger in Berlin zu bleiben. Vor allem spürte ich aber eins: Ich wollte ihn festhalten.

# Festhalten

Zurück in Berlin zog ich in die Kreuzberger Wohnung von Freunden, die für längere Zeit mit ihrer vier Jahre alten Tochter in Portugal leben wollten. Es war praktisch für mich, dass auch andere so durch die Welt tingelten. Die Freunde hatten den Großteil ihrer Möbel mitgenommen, sodass die Wohnung recht leer war: ein Bett, zwei Tapeziertische, ein paar Stühle, Regale und Sessel standen darin. Einen Fernseher nicht, dafür verfügte die Wohnung über eine Badewanne und einen Balkon. Nun hatte ich also meinen eigenen Rückzugsraum und brauchte zu Fuß nur fünf Minuten zu Davids Wohnung. Das war angenehm, auch weil ich mir so immer wieder Dinge von ihm ausleihen konnte, eine Auflaufform, einen Mixer oder auch mal ein Bügeleisen.

Letzteres brauchte ich nicht nur in Berlin, sondern auch auf meinen anderen Reisen, wenn ich für offizielle Anlässe gebügelte Kleider benötigte. In Portugal lieh ich mir eins von Freunden, in China vom Hotel, und in Indien ging ich zu einer Frau am Straßenrand, die mit ihrem riesigen Gusseisen meine Kleider so gut bügelte wie sonst niemand auf der Welt.

Da ich so oft nach einem Bügeleisen fragen musste, legte ich mir schließlich selbst eins zu. Es mag bei meinem wenigen Besitz absurd klingen, aber diesen Luxus gönnte ich mir.

Allerdings ein Reisebügeleisen, damit es leicht in mein Gepäck passte.

Hin und wieder kaufte ich mir auch Blumen und Kerzen, um mich wohler in meiner Bleibe zu fühlen. Weitere Anschaffungen machte ich nicht. Ganz im Gegenteil: Von den Kleidungsstücken, die ich besaß, sortierte ich noch einige aus, um sie den Flüchtlingen zu spenden, von denen 2015 viele nach Deutschland kamen.

Abgesehen von einigen Israelis und den Männern in Indien war ich überall auf meinen Reisen herzlich empfangen worden. Dadurch wusste ich aus eigener Erfahrung, was helfen kann, damit man sich nach der Ankunft in einem anderen Land nicht fremd fühlt: Man möchte möglichst schnell akzeptiert und integriert werden. Wichtiger Faktor dafür ist die Sprache.

Deshalb begann ich im Herbst 2015 in einer Schule in Neukölln Deutschunterricht zu geben. Am ersten Tag waren meine Schüler ausschließlich Männer. Sie kamen vor allem aus Syrien und Afghanistan, und ich war etwas eingeschüchtert, weil ich kein Arabisch konnte. Zum Glück gab es Lehrmaterial mit Bildern und noch ein paar andere Freiwillige. Gemeinsam überstanden wir die ersten zwei Stunden. Nun wusste ich ungefähr, was mich erwarten würde, ich konnte mich besser vorbereiten und ging mindestens einmal die Woche unterrichten. Manchmal auch häufiger. Dann wurde auf dem stillgelegten Flughafengelände Tempelhof eine Flüchtlingseinrichtung eröffnet, in der dringend Helfer gebraucht wurden. Als ich mit dem Fahrrad dort ankam, war ich entsetzt über die Zustände in der Unterkunft. Die Menschen waren auf engstem Raum zusammengepfercht, Sanitäranlagen gab es keine. Es stank fürchterlich. Ich bot meine

Hilfe an und wurde wieder zum Deutschunterricht eingeteilt. Die riesigen Hallen waren alle miteinander verbunden und offen, sodass es dort sehr laut war. Entsprechend unkonzentriert waren die Kinder, die ich unterrichten sollte. Ich musste sie fast anschreien und war froh, als die zwei Stunden Unterricht vorbei waren. Mir war inzwischen von dem Gestank schwindelig geworden, und ich war frustriert, dass ich den Kindern nicht viel hatte vermitteln können.

Auf meinem Weg nach draußen lief mir ein kleines Mädchen nach und hielt mich an meinem Schal fest. Sie hieß Laila. »Schal«, sagte sie, als ich stehen blieb. Kurz zuvor hatte ich ihr und den anderen Kindern deutsche Wörter für Kleidungsstücke beigebracht. »Genau«, antwortete ich und lächelte. Laila freute sich und bat mich: »Bitte komm wieder.« Ich strich über ihre schwarzen langen Haare, nickte und verabschiedete mich.

Als ich zurückradelte, war ich mit meinen Gedanken noch bei Laila. Ihre Bitte erinnerte mich an die junge Inderin, deren Geschichte ich in meinem ersten Buch niedergeschrieben hatte und die mich ebenfalls nach der ersten Begegnung gebeten hatte, sie wieder zu besuchen. Erneut tauchten die Bilder vor meinem inneren Auge auf, die gleichen, furchtbaren Szenen, mit denen ich doch eigentlich schon abgeschlossen hatte. Ich beschloss, mich diesmal nicht davon unterkriegen zu lassen.

Zurück in der Kreuzberger Wohnung las ich in der *Süddeutschen Zeitung* ein Interview mit dem Psychologen Richard Tedeschi, das mich weiter in meiner Haltung bestärkte. Er sagte, es sei wissenschaftlich erwiesen, dass man an einem Trauma auch wachsen könne. Dieses Wachstum unterteilte er dabei in fünf Bereiche: das Wachstum der persönlichen Stärke, die Vertiefung der Beziehungen zu anderen Menschen, das Entdecken neuer Lebensperspektiven sowie eine Zunahme der Lebensfreude und der Spiritualität. Dreißig bis neunzig Prozent der Menschen mit posttraumatischen Belastungen würden zumindest einen dieser Wachstumsaspekte erfahren. Wichtig dafür sei: die Dinge, die man nicht ändern könne, zu akzeptieren. Festzuhalten, anstatt loszulassen, im übertragenen Sinne, auch wenn es noch so schwer war.

~

Genau das hatte auch Laras Vater getan, erinnerte ich mich. Er hatte seine Tochter akzeptiert, sie niemals losgelassen. Ich beschloss, sie zu besuchen, und fuhr mit dem Zug zu Anthony, der zwischen Bristol und Bath lebte. Viele Gedanken schossen mir auf der Fahrt durch den Kopf. Ich hörte Laras lang gezogenes Ä. Die grüne Landschaft, die am Fenster vorbeizog, erinnerte mich an unsere gemeinsamen Spaziergänge. Mit Anthony war ich in den vergangenen zehn Jahren per E-Mail in Kontakt geblieben. Er holte mich vom Bahnhof ab und lächelte. Seine langen Haare und sein Vollbart waren inzwischen grau geworden. Nachdem er mich mit einer liebevollen Umarmung begrüßt hatte, fuhren wir zu seinem Haus. Es stand idyllisch unter alten Bäumen. Lara saß drinnen am großen Küchentisch aus Massivholz und bewegte wieder einmal Krümel von einer Seite auf die andere. Doch als sie mich sah, stampfte sie noch im Sitzen fest mit den Füßen auf den Boden. Ich konnte es kaum glauben, dass sie mich nach all den Jahren wiedererkannte.

»Für uns bist du noch immer Katharina die Große«, sagte Anthony. Etwas verlegen guckte ich ihn an. »Das bist du wirklich«, sagte er, und seine neue Frau, die ich noch aus Bristol kannte, nickte.

Anthony brachte mir einen Tee und erzählte mir, wie es Lara in der Zwischenzeit ergangen war. Nach meiner Zeit als Betreuerin hatte sich niemand mehr wirklich aufrichtig und lange um sie gekümmert. Ich antwortete ihm, dass ich selbst viel von Lara gelernt hatte, nämlich vor allem, meine vorgefestigten Gewohnheiten und Meinungen loszulassen. Anthony lächelte. Immer wieder schaute ich zu Lara, die neben mir saß. Durch unser Gespräch erinnerte ich mich noch genauer an die Zeit mit ihr und dachte an all das, was mir seitdem passiert war. Ich fragte mich, ob meine persönlichen Erfahrungen mit Lara vielleicht den Grundstein für meinen jetzigen Lebensstil gelegt hatten.

Eventuell hatte mich aber auch nur meine große Neugierde angetrieben: dass ich mich immer wieder auf etwas Neues einlassen wollte. Möglicherweise war es meine Sensibilität gewesen: dass mir Ungerechtigkeiten und das Schicksal anderer Menschen so nahegingen und ich nach einschneidenden Erfahrungen nicht einfach so weitermachen konnte wie zuvor. Vielleicht aber war es auch nur die Wohnungsauflösung mit Arjun gewesen, die ein Leben mit weniger Halt zur Folge hatte?

Je länger ich über diese Fragen nachdachte, desto klarer wurde mir, dass es nicht den einen Schlüsselmoment gegeben hatte. Es war ein allmählicher, durch meine Reisen bedingter Prozess und sicher kein radikaler Entschluss gewesen. Auch wenn der Moment, indem ich mich von fast meinem kompletten Besitz verabschiedet hatte, wie ein bewusst radikaler Umschwung wirken könnte – war es tatsächlich eher eine pragmatische Entscheidung gewesen.

Anthony brachte mich zum Bahnhof, nahm mich fest in den Arm und verabschiedete sich mit den Worten: »Du bist uns jederzeit willkommen – ich hoffe, wir sehen uns bald wieder.« Es tat gut, das zu hören, und ich hoffte ebenfalls, ihn und Lara bald wiederzutreffen. Von den vielen Menschen, die mir auf meinen Reisen begegnet waren, hatten die beiden einen ganz besonderen Platz in meinem Herzen.

~

Wenn ich mich nun festlegen müsste, würde ich auch meine auf den Reisen entwickelte Skepsis gegenüber dem allgemeinen Konsumverhalten als einen der Auslöser für mein vergleichsweise reduziertes Leben nennen. Bewusstes Konsumieren ist mir ein wichtiges Anliegen geworden. Denn bei meinen journalistischen Recherchen in der Welt bin ich vielen Menschen begegnet, die unter unserer Haltung leiden.

Einer dieser Menschen kommt aus der Demokratischen Republik Kongo und heißt Therese Mema Mapenzi. Sie engagiert sich für diejenigen, die unter den Kriegen in ihrem Heimatland leiden. Begonnen hat die Gewalt vor zwei Jahrzehnten, und trotz Friedensabkommen hält sie bis heute an. Dabei kämpfen mehr als vierzig bewaffnete Gruppen gegeneinander. Es geht um Rohstoffe wie Kupfer, Gold und Coltan, das für die Herstellung von elektronischen Geräten wie Smartphones unabdingbar ist. Über fünf Millionen Menschen wurden für diesen Raubbau bisher getötet, und über eine halbe Millionen Frauen wurden missbraucht. Im Ost-Kongo, wo sich die meisten Coltanminen befinden, waren es wahrscheinlich noch mehr. »Die Täter kommen meist ungestraft davon«, erklärte mir Mapenzi.

Zur Vorbereitung auf unser Gespräch hatte ich auf den Webseiten verschiedener Elektronikhersteller recherchiert, welche von ihnen noch immer Rohstoffe aus dem Kongo beziehen. Zum Glück sind es im Laufe der Jahre weniger geworden, da immer mehr Unternehmen die Gewalt im Kongo nicht länger unterstützen wollen. Angeblich zählt auch der Hersteller meines Smartphones und des Laptops dazu, auf dem ich gerade diese Zeilen schreibe. Trotzdem kann ich bei einem großen Weltkonzern nicht sicher sein, ob die Ware tatsächlich fair produziert wurde.

Dass ich sie dennoch nutze, führt häufig zu Diskussionen. Nicht nur, wenn ich über meinen Lebensstil schreibe oder interviewt werde, sondern auch im Bekanntenkreis und mit meinen Eltern. Es sei nicht konsequent, sagen sie. Überhaupt dürfe ich, da ich so viel fliege, nicht mit Nachhaltigkeit argumentieren.

Damit haben sie recht. Fliegen ist sehr schlecht für unser Klima und eines meiner größten Laster. Ich muss dringend daran arbeiten und denke, dass ich in Zukunft vielleicht doch etwas weniger fliegen werde. Ich habe früh mit dem Reisen begonnen und einen Lebensstil entwickelt, den ich nun aus Gründen der Nachhaltigkeit überdenken muss.

Ich fahre zwar jetzt schon so oft es geht mit dem Zug und zahle für meine Reisen immer den Klimaausgleich. Aber trotzdem fliege ich noch zu viel, wobei ich nur für Strecken ab 1500 Kilometern ein Flugzeug besteige, und damit es sich lohnt, versuche ich, möglichst lange an meinen Zielorten zu bleiben. Morgens von Berlin nach München und abends zurück – das kommt für mich dann doch nicht infrage. Vor Ort nutze ich meistens den öffentlichen Nahverkehr, mein eigenes Fahrrad oder Leihräder.

Manchmal lässt es sich auch nicht vermeiden, unfair produzierte Ware zu konsumieren. Wie zum Beispiel bei meinen Recherchen in Indien, wo ich Wasser von einem Hersteller getrunken habe, dessen Getränke ich sonst im Regal stehen lassen würde. Es gab dort einfach kein anderes Wasser. Ich glaube, niemand kann immer perfekt sein und grundsätzlich immer die umweltfreundliche und politisch korrekte Variante wählen.

Mir geht es auch nicht darum, dass wir alle Selbstversorger werden und in den Wald ziehen, wie der amerikanische Schriftsteller Henry David Thoreau es für sein Buch »Walden« im 19. Jahrhundert getan hat. Aber wir können uns informieren und den Wandel vorantreiben. Wir können uns bewusst machen, wo der Ursprung der Dinge liegt, die uns umgeben. Statt zu fragen: »Warum ist ein Produkt so teuer?«, sollten wir uns fragen: »Wie kann es so billig sein?« Es geht nicht darum, auf alles zu verzichten. Aber wir müssen uns Gedanken über den Konsum machen und sparsam mit unseren Ressourcen umgehen.

Irgendwann wird einem diese Einstellung dann zur festen Gewohnheit – was ich bei mir beobachten konnte, als das Bett meiner Freunde in der Kreuzberger Wohnung kaputtging. Der hölzerne Lattenrost brach in der Mitte durch, und ich war nicht sicher, was ich machen sollte.

»Vielleicht ist es an der Zeit, mir ein eigenes Bett anzuschaffen«, dachte ich. Also suchte ich im Internet nach gebrauchten Betten. Nach einer eher frustrierenden halben Stunde sprach ich mit David darüber.

»Mich nervt die Situation mit dem Bett«, erklärte ich ihm.

»Wieso? Du könntest dir doch ein eigenes zulegen«, sagte er.

»Aber dann hätte ich ja ein Möbelstück.«

»Ich verstehe nicht, was so schlimm daran ist«, erwiderte er.

»Dafür bin ich noch nicht bereit. Außerdem müsste ich es bei meiner nächsten Reise irgendwo unterstellen.«

Mir wurde klar, dass ich mir doch kein eigenes Bett kaufen, sondern an dem Lattenrost festhalten und ihn reparieren wollte. David half mir dabei. Wir besorgten beim Baumarkt eine Holzlatte und radelten mit ihr in der Hand an der East Side Gallery vorbei zurück zu mir. Mit Davids Säge schnitten wir das Holz zurecht und fixierten es anschließend mit seinem Akku-Schrauber am Bett. Nun konnte ich wieder gut schlafen, auch weil ich einen Neukauf hatte abwenden können.

Manchmal kaufe ich auch etwas Neues, selbst wenn ich es nicht unbedingt benötige. Aber dann nehme ich mir viel Zeit, es auszusuchen. Wie vergangenes Jahr, als ich Celines Trauzeugin war und mir für die Hochzeit ein neues Kleid besorgte. Überraschenderweise machte es sogar richtig Spaß, vielleicht weil ich es online kaufte. In überfüllten Einkaufsstraßen fühle ich mich inzwischen sehr unwohl – meine Zeit als Shoppingqueen ist wohl definitiv vorbei. Das haben auch meine Mutter und Freundinnen immer wieder feststellen müssen, wenn sie mit mir bummeln gehen wollten. Ihnen zuliebe mache ich manchmal eine Ausnahme.

Ab und zu gibt es aber Gelegenheiten, wo ich doch etwas Schönes entdecke. Meist auf meinen Reisen, wenn ich Sachen finde, die es anderswo nicht gibt. Früher habe ich viele Reiseandenken gesammelt. Heute nehme ich meist nur noch besondere Lebensmittel der jeweiligen Regionen mit, Gewürze aus Indien, Pistazien aus Griechenland oder Salz und Olivenöl aus Portugal. Gern auch Spirituosen, wie Wodka aus Island, Gin aus Kanada oder Portwein aus Portugal. Die meisten Souvenirs schenke ich meinen Eltern oder meinen Freunden. Ich kann mich so an ihnen erfreuen, auch ohne sie zu besitzen. Genauso wie an den Dingen, die ich temporär nutzen kann, wenn ich irgendwo zu Besuch bin oder zur Zwischenmiete wohne – ein Haustier, das Klavier oder eine gute Plattensammlung. Da mir all das nicht ständig zur Verfügung steht, schätze ich es umso mehr, wenn ich es einmal habe.

Die wenigen Dinge, die ich tatsächlich besitze, haben meist eine Funktion und auch einen immateriellen Wert für mich. Etwa der Ring meiner Oma Lise, das Kung-Fu-Schwert aus China, mein Rennrad aus New York. Ich verknüpfe Erinnerungen mit diesen Gegenständen und möchte nur ungern auf sie verzichten. Ebenso wenig wie auf Laptop, Kamera und Handy. Sie sind für meinen Beruf als freie Journalistin genauso wichtig wie für die Verbindung zu meinen Freunden und meiner Familie. Zudem kann ich damit Fotos, Musik, Kontaktdaten und Recherchematerial digital sichern. So muss ich sie nicht irgendwo lagern und kann auf materiellen Ballast verzichten.

Verzicht an sich muss nicht immer guttun. Vor allem, wenn man ihn sich nicht selbst ausgesucht hat. Denn die meisten Minimalisten der Welt, das habe ich auf meinen Reisen mit eigenen Augen gesehen, leben mit nur wenigen Dingen, weil sie keine andere Wahl haben.

Dass ich mit meinem Lebensstil sehr privilegiert bin, wurde mir dabei immer wieder bewusst. Ich besitze nur wenig, weil ich das so will. Menschen in Armut – seien es Obdachlose in Berlin, Flüchtlinge in Europa oder *Dalits*, die Unberührbaren, die in Indien aus dem Kastensystem ausgeschlossen sind – müssen froh sein um das Wenige, das sie besitzen, und ihr Hab und Gut im Zweifel sogar verteidigen. Zwar sind auch meine wenigen Besitztümer für mich sehr wertvoll, aber ich könnte sie zumindest materiell ersetzen. Echte Not habe ich bislang nicht erleben müssen.

~

Wenn mich jemand fragt, woher ich komme, fällt es mir schwer, eine Antwort zu finden. Meistens sage ich dann, dass ich in Frankfurt am Main geboren bin. Aber da meine Eltern von der Nordsee kommen und ich als Kind viel Zeit dort verbracht habe, bin ich beiden Regionen verbunden, auch wenn sich keine von ihnen heimisch anfühlt.

Zudem bin ich – seit meinem achtzehnten Geburtstag – immer weitergezogen.

In den vergangenen dreizehn Jahren habe ich ein Jahr in Bristol, mit Unterbrechungen drei Jahre in Heidelberg, insgesamt ein halbes Jahr in Spanien, zwei Jahre in Hamburg, ein halbes Jahr in München, eineinhalb Jahre – mit Unterbrechungen – in New York, ein Dreivierteljahr in Lissabon und immer mal wieder in Berlin gelebt. Zudem habe ich Argentinien, Australien, China, Dänemark, Frankreich, Griechenland, Indien, Indonesien, Irland, Island, Israel, Italien, Kanada, Neuseeland, die Niederlande, Norwegen, Österreich, Polen, Schweden, die Schweiz, Spanien, Tschechien, die Türkei, Ungarn und Wales bereist.

Da ich an fast all diesen Orten auch gearbeitet habe, sehe ich mich selbst nicht als Touristin. Touristen sind für mich Menschen, die zum Vergnügen in den Urlaub reisen. Allerdings habe ich mich irgendwann gefragt, warum es mir so wichtig ist, mich von den »Touristen« abzugrenzen. Warum ich meine Freunde, wenn sie Städte bereisten, in denen ich schon gelebt hatte, mit Reisetipps versorgte, die in keinem Reiseführer standen?

Machte mich das glücklicher? Wissenschaftler der Stanford-Universität haben herausgefunden, dass die Gewissheit, etwas zu haben, was nicht jeder hat, die Menschen glücklicher machen kann. Das muss überhaupt nichts Materielles sein. Ich überlegte, ob dieser Mechanismus auch auf mich zutraf und mein Distanzierungsbedürfnis gegenüber Touristen erklären konnte. Aber irgendwie war dem nicht so.

Mir wurde klar, dass es an etwas anderem liegt. Meine Abneigung gegenüber der Bezeichnung »Tourist« hängt wohl damit zusammen, dass ich über die Jahre ein negatives Bild vom Tourismus bekommen habe. Auf meinen Reisen bin ich vielen Menschen begegnet, die ohne Rücksicht in Urlaubsziele eingedrungen sind und sich nicht den landestypischen Erfordernissen von Umwelt, Religion oder Kultur angepasst haben. Touristen trugen Trägershirts in einer Moschee, hinterließen ihren Müll in Nationalparks oder ließen in Ländern mit Wasserknappheit täglich ihre Handtücher und Bettwäsche waschen.

Kulturelle Sensibilität ist meiner Meinung nach eine der wichtigsten Eigenschaften überhaupt. Egal ob man Tourist ist oder nicht, man sollte sich in allen Regionen der Welt sensibel gegenüber den Menschen und ihren Gewohnheiten verhalten. Auch wenn man sie selbst nicht teilt.

Und was bin ich nun? Eine reisende Reporterin? Eine moderne Nomadin? Eine heimatlose Konsumkritikerin? Eigentlich ist es gar nicht so wichtig. Denn wie bereits zu Anfang dieses Buches beschrieben, halte ich nicht viel von Labels und Schubladen. Vielleicht hängt meine Einstellung auch damit zusammen, dass ich mich ohnehin nicht gern festlege, weil es sowieso immer anders kommt, als man denkt oder planen kann. Deswegen versuche ich, mich möglichst nicht mehr in ein Korsett von Erwartungen pressen zu lassen, die ich so oder so niemals erfüllen kann.

Aber was hindert die Menschen am Loslassen? Immer noch der Optimierungswahn und Perfektionismus? Ist das die Neurose unserer Zeit? Haben wir immer noch zu viel Angst, dass nichts gut genug ist? Die Wohnung, die Arbeit, die Freunde, die Frisur, die Kindererziehung? Brauchen wir deshalb immer wieder so viel Neues?

Ich glaube, die meisten Menschen warten auf den perfekten Augenblick. Aber den gibt es nicht. Es gibt nicht den Moment, in dem man es geschafft hat, oder den richtigen Moment, um jemandem zu begegnen und ein Kind zu bekommen. »*Bad timing*« ist nur eine von vielen Ausreden, die wir uns suchen, um uns nicht mit uns selbst auseinanderzusetzen.

Und wenn wir allzu viel Zeit damit verbringen, alles vorauszuplanen, ist unser Leben schneller vorbei als gedacht. Je länger wir warten, desto mehr ungenutzte Chancen gibt es. Eigentlich kann man in jedem Moment mit dem Loslassen beginnen.

Weniger ist genug. Und wenn wir weniger besitzen und kaufen, brauchen wir weniger Geld, wir müssen weniger arbeiten und haben mehr Zeit. Mehr Zeit für uns und das Wesentliche: Wir können sie mit anderen Menschen teilen und Erfahrungen sammeln.

Ich bin froh, dass der Prozess bei mir schrittweise abgelaufen ist: Vom Loslassen meiner Gewohnheiten und Sichtweisen über das Loslassen von Orten, Besitztümern und Menschen bis hin zum Loslassen meiner Erwartungen und Ängste.

Dieser Prozess kann gelingen, wenn wir versuchen, wir selbst zu sein, und wenn wir uns überlegen, was wir brauchen und was nicht. Wenn wir es schaffen, mit weniger zufrieden zu sein, haben wir automatisch weniger Angst davor, nicht genug zu bekommen, nicht genug zu haben oder nicht genug zu sein. Wir wagen uns ins Ungewisse, sind offener und entwickeln uns weiter: Durch Genügsamkeit erlangen wir Stärke, durch das Entdecken anderer Lebensperspektiven tiefere Beziehungen zu anderen Menschen und durch Spiritualität mehr Lebensfreude.

So ist es mir beim Prozess des Loslassens ergangen. Dabei habe ich gelernt, dass ich nicht alles loslassen muss, um frei zu sein. Wenn ich mich zu sehr zwinge, mich zu beschränken und loszulassen, dann bin ich weit entfernt von der Freiheit. Manchmal tut es auch gut festzuhalten. Auch das habe ich bei meinen Reisen gelernt. Früher wollte ich immer nur einmal an einen Ort reisen, weil ich fast zwanghaft Neues entdecken wollte. Ich hatte schlicht Angst, etwas zu verpassen und nicht genug von der Welt zu sehen. Heute weiß ich, dass es mir guttut, Neues zu entdecken, aber auch, dass Vertrautes seinen eigenen Reiz hat. Deswegen freue ich mich mittlerweile, an Orte zurückzukehren, die ich gut kenne, die mich immer aufs Neue inspirieren und an denen ich Freunde habe.

Wie Portugal zum Beispiel, wo ich nun sitze, um dieses Buch zu Ende zu schreiben. Eine knappe Woche an der Algarve im Süden des Landes, direkt an der Grenze zu Spanien, wo ich bereits mehrere Wochen an meinem ersten Buch geschrieben habe.

Wie jedes Mal, wenn ich hier bin, freue ich mich über die *Pastel de Natas*. Kleine mit Pudding gefüllte Blätterteigtörtchen, die mit Puderzucker und Zimt bestreut sind. Inzwischen sind sie auch außerhalb Portugals bekannt. Doch hier schmecken sie einfach am besten, vor allem die von Belém. Dazu ein *Garoto*: vorzüglich.

An der Algarve nasche ich besonders gern die *Tarte de Almendra* – Kuchen aus Mandeln, die hier kleiner sind als andernorts. Auch sehr lecker: die *Tarte de Alfarroba* – Kuchen aus der Frucht des Johannisbrotbaums, die als Kakao- und Schokoladenersatz dient, jedoch nicht so süß schmeckt. Aber auch andere Früchte, wie Feigen und Orangen, sind besonders lecker in Portugal. Mit einem frisch gepressten Saft, dazu ein Croissant mit Kürbismarmelade, so starte ich gern meine Tage in Lissabon. Und wenn die Sonne dann langsam über dem Tejo untergeht und ich mein Tagessoll erfüllt habe, treffe ich mich mit meinen Freunden. Sie trinken Bier, ich lieber Rotwein oder *Porto Tonic*. Der Longdrink wird mit Tonic Water und hellem oder dunklem Portwein gemischt. Mit hellem schmeckt er etwas frischer und mit dunklem süßlicher. Weil der Alkoholgehalt von Portwein geringer ist als der von Gin, schmeckt der Drink aber grundsätzlich frischer als Gin Tonic. Ideal für die warmen Nächte in der portugiesischen Hauptstadt.

Was ich für Lissabon und die Algarve beschrieben habe, gilt auch für New York oder Neu-Delhi, aber auch für Orte in Deutschland: Berlin, Hamburg, Heidelberg und Frankfurt. Für mich gibt es nicht die eine Heimat, sondern Heimaten. Es sind fast alles Städte, denn ich mag das urbane Leben, das große kulturelle Angebot und die davon ausgehende Inspiration.

~

Ständig neuen Reizen ausgesetzt zu sein kann einen aber ganz schön erschöpfen. In solchen Momenten suche ich mir einfach einen Ort in der Stadt, wo ich die Dinge verarbeiten kann. Am besten gelingt mir das, wenn ich am Wasser laufen kann: In Lissabon entlang des Tejo, in Hamburg entlang der Elbe oder der Alster, in New York entlang des Hudson oder East Rivers und in Berlin am Ufer der Spree.

Alternativ funktionieren auch die grünen Oasen, etwa der Central Park in New York, der Treptower Park in Berlin oder der Lodhi Garden in Neu-Delhi. Wenn das Meer oder ein See in der Nähe ist, fahre ich auch dort gern hin, um mich zu entspannen. Besteht die Möglichkeit nicht, komme ich beim Kung Fu oder beim Yoga zur Ruhe. In Berlin gehe ich am liebsten ins *New Deli Yoga Cafe*, auch weil die Übungsstunden dort nichts kosten. Denn das Motto der Besitzerin Maria lautet: »*Good things in life are for free* – Die guten Sachen im Leben sind umsonst.«

Womit wir beim Thema wären: Geld. Natürlich muss ich meine Reisen auch finanzieren und versuche, an anderer Stelle zu sparen.

Ich habe keinen Handyvertrag, keine Wohnung und kein Auto. Relativ viel Geld gebe ich für Essen aus. Mir ist es wichtig zu wissen, woher es kommt und wie es produziert wurde. Dasselbe gilt für Hygieneartikel und Kleidung. Allerdings benötige ich davon, wie bereits ausführlich erklärt, sehr wenig, auch weil ich das meiste flicke, ausbessere, repariere. Und das, was ich nur ab und zu brauche, besondere Kleidungsstücke, leihe ich mir aus.

Trotzdem ist mein Lebensstil nicht komplett vom Kapitalismus befreit. Die »Sharing Economy« basiert nun einmal darauf. Wenn ich mir ein Fahrrad oder ein Auto leihe oder eine Wohnung miete, muss ich dafür auch Geld bezahlen. Genau wie für meine Freizeitaktivitäten, etwa für mein Kung-Fu-Training. Und selbst wenn mir jemand etwas umsonst anbietet, so wie Maria ihre Yogastunden oder Freunde ihre Unterkunft, bin ich abhängig von diesen Menschen. Sie haben etwas, was ich brauche, und wenn sie es nicht mit mir teilen würden, könnte mein Lebensstil nicht funktionieren. Ich bin also nicht völlig frei. Geld limitiert leider auch mich sehr stark.

Von mir aus könnten wir alle darauf verzichten. Aber vor allem geht es mir darum, unseren Ressourcenverbrauch deutlich zu verringern und mehr zu teilen. Würden das noch mehr Menschen machen und müsste ich demzufolge anderen ebenfalls etwas zum Tauschen anbieten, hätte ich damit kein Problem. Das könnte auch eine eigene Wohnung sein, obwohl es mich nicht stört, ohne festen Wohnsitz zu leben.

Meine ständigen Ortswechsel könnten ohnehin bald ein Ende haben. Denn: Ich wünsche mir Kinder. Und da ich ihnen kein Leben aus dem Koffer zumuten will, kann ich mir vorstellen, dann eine Basis zu haben. Wie die genau aussehen wird, weiß ich noch nicht. Fest steht aber: Viele Möbel möchte ich nicht besitzen, ich würde sie als materiellen Ballast empfinden. Wie diese Entscheidungen sich mit Kindern verwirklichen lassen, das werde ich sehen müssen. Ich bin gespannt auf die Diskussionen mit ihnen und mit meinem Umfeld, darüber, wie viel Spielzeug und Klamotten sie wirklich brauchen. Wobei ich auch meine Kinder nicht missionieren möchte. Ich wünsche mir, dass sie ihr Leben in vollen Zügen genießen können, und ich hoffe, dass sie möglichst wenig Ablenkung durch materielle Dinge erfahren und ihre Umgebung mit Freunden entdecken können. Ich werde mir viel Zeit für gemeinsame Gespräche und Auseinandersetzungen nehmen – zumindest habe ich mir das vorgenommen.

Mein Vater bereut es heute zwar manchmal, dass er mit mir als Kind viel ausdiskutiert hat, ich bin ihm aber sehr dankbar. Man kann sich natürlich immer in Diskussionen verrennen und sollte auch im Gespräch loslassen können, wenn man nicht weiterkommt. Mein Vater hat mir aber gezeigt, wie wichtig es ist, sich mit sich selbst und mit anderen Menschen auseinanderzusetzen. Das möchte ich meinen Kindern vermitteln.

Es ist davon auszugehen, dass mein Gepäck mit Kindern insgesamt etwas schwerer werden wird. Aber ich hoffe, dass sie vielleicht auf anderer Ebene eine neue Leichtigkeit in mein Leben bringen werden. Denn mein Verständnis vom Loslassen beinhaltet, dass man auch seine eigene Freiheit gelegentlich loslassen sollte. Für meine Kinder würde ich das tun. Genau wie ich es für David getan habe. Jetzt, beim Schreiben hier in Portugal, freue ich mich auf unser Wiedersehen.

Meine Sachen sind gepackt. Für die vergangenen zwei Wochen hat mir eine Handgepäcktasche ausgereicht. Meinen Koffer habe ich bei David in Berlin stehen lassen. Dort geht es morgen hin. Um genau zu sein: auf die Hochzeit von gemeinsamen Freunden von David und mir. Die fünfte in diesem Jahr.

Warum heiraten auf einmal wieder so viele? Am Alter kann es nicht liegen, denn die Spanne der Heiratswilligen reicht von Ende zwanzig bis Anfang vierzig. Daran, dass all diese Freunde Kinder bekommen haben und schnell heiraten wollen, liegt es auch nicht. Denn einige haben zum Hochzeitstermin schon Nachwuchs, andere nicht. Vielleicht sehnen sie sich nach Sicherheit, zumindest auf emotionaler Ebene. Das kann ich verstehen. Obwohl ich weiß, dass so gut wie alles in unserem Leben unsicher ist, tut es trotzdem gut, sich hin und wieder geborgen und sicher zu fühlen. Dieses Gefühl habe ich mit David.

Ich muss an das Gedicht von Herman Hesse denken. Ich habe es gewagt, mich in eine neue Beziehung zu begeben. Und sie ist wie ein Zauber, der mich beschützt und mir zu leben hilft. Unsere Freunde, die nun heiraten, wollten diesen Zauber durch die Heirat vielleicht noch betonen. Zeichen zu setzen und nicht gleichgültig zu sein, das finde ich ebenfalls wichtig. David und ich haben allerdings auch ohne die Ehe etwas, das uns verbindet: die gemeinsamen Reisen.

Unsere nächste steht bereits kurz bevor: Für drei Monate soll es nach Asien gehen. Startpunkt wird wieder einmal Indien sein. Dort wollen wir die Frau, über die ich das Buch geschrieben habe, wiedersehen und neue Geschichten recherchieren. Im Anschluss reisen wir nach Bangladesch und Myanmar. Dort wollen wir uns einfach treiben lassen. Die Grenzen zwischen Arbeit und Privatleben sind inzwischen verschwommen – vermutlich waren sie das von Beginn an. David vereint für mich nun beide Abenteuer: die Liebe und das Reisen.

~

Auf der Suche nach einem Schluss für dieses Buch bin ich auf dem Weg durch meine Vergangenheit in Lissabon. Ich gehe durch die Straße, in der ich bei meinem ersten Besuch gewohnt habe, ich trinke in meinem alten Lieblingscafé einen Ananassaft mit Minze. Die Straßenbahn Nummer 28 rattert an mir vorbei und vor Sé, der Kathedrale, tummeln sich deutlich mehr Touristen als noch vor ein paar Jahren. Auch die Einkaufsstraße in der Nähe des Praça do Comércio ist überfüllt mit Menschen. Das macht mich wahnsinnig. Ich beschließe, das Hochzeitsgeschenk für meine Freunde zu vervollständigen. *Flor de Sal*, Meersalz, das aus der Salzblume gewonnen wird, habe ich ihnen schon von der Algarve mitgebracht. Seit meinem ersten Besuch dort bin ich begeistert von dem besonderen Salz, das nur an windstillen und heißen Tagen als hauchdünne Schicht oben auf den Salinen entsteht und in Handarbeit abgeschöpft wird. Die Salzkristalle sind nicht nur wunderschön, sondern intensivieren auch den Geschmack von so gut wie allen Lebensmitteln. Es passt zu meinem Lebensstil. Jedes Mal, wenn ich an der Algarve bin, besuche ich die Salinen. Bei meinem letzten Aufenthalt habe ich sogar eine kleine, handliche Korkbox geschenkt bekommen, die ich mit auf meine Reisen nehmen kann. Für meine Freunde zur Hochzeit habe ich nun eine große Korkbox für die Küche besorgt, gefüllt mit *Flor de Sal*. Dazu möchte ich noch etwas für ihre Wohnung kaufen, weshalb ich ein Geschäft in Lissabon ansteuere, wo es *Andorinhas*, Schwalben, gibt, eine traditionelle portugiesische Dekoration.

»*Getting carried away*« steht in der Produktbeschreibung. »Lassen Sie sich (wie eine Schwalbe) davontragen.« Das klingt sehr gut, finde ich. Aber ein Ende für mein Buch ist es dann doch nicht.

Ich schreibe eine Nachricht an ein paar Freunde von mir und bitte sie um Hilfe. Sie empfehlen mir, etwas zu trinken und meine Gedanken schweifen zu lassen. Das lasse ich mir nicht zweimal sagen und bestelle mir einen Rotwein am Principe Real, einem meiner Lieblingsplätze in Lissabon.

Die Sonne scheint, und der Wind, der durch die Blätter der großen Bäume weht, ist erfrischend. Vor mir ist ein Stand vom Flohmarkt aufgebaut. Er erinnert mich daran, wie ich meine Sachen in Hamburg verkauft habe, und ich beginne, mir Notizen zu machen. Dann will ich ein Foto von meiner Schreibsituation machen, und der Wind bläst so stark, dass ich die Blätter, die vor mir ausgebreitet liegen, festhalten muss. Ausgerechnet heute habe ich meinen Laptop nicht mitgenommen.

Ich betrachte das Foto: das Papier auf dem Tisch und das Rotweinglas daneben. Es sieht aus wie ein kitschiges Schriftsteller-Klischee, finde ich und muss schmunzeln. Mir ist das Bild ein bisschen peinlich, und ich merke, dass ich doch noch nicht alles loslassen kann. Vor allem nicht die Ansprüche, die ich an mich selbst stelle und hin und wieder auch nicht die, die andere an mich stellen. Dabei lautete einer der Hilfssätze während meiner Therapie: »Wenn Verpflichtungen entstehen, lasse ich sie gehen.«

Zufälligerweise beginnt genau in diesem Moment eine Straßenmusikantin, die seit einiger Zeit Gitarre spielt, zu singen: »*Take only what you need from it* – nimm nur das, was du brauchst.« Ist das ein Zeichen? Könnte das vielleicht das Ende für mein Buch sein? Ich muss einsehen, dass auch das nicht das Richtige ist. Mir wird klar, dass ich aufhören muss, ein Ende zu suchen, und dass ich stattdessen die Situation akzeptieren könnte. Das fällt mir immer noch nicht leicht. Ich komme nur schwer gegen die innere Überzeugung an, dass die Leser von diesem Buch ein Ergebnis erwarten, eine Lösung. Vielleicht sogar konkrete Handlungsanweisungen. So etwas habe ich aber nicht. Es soll ja auch kein Ratgeber sein, sondern ein Reisebuch. Außerdem gibt es keine allgemeingültige Formel für das Glück. Und auch nicht für das richtige Loslassen. Ein jeder sollte seine persönliche Reise wagen.

Die Erfahrungen, die ich bei meinen Reisen durch die ganze Welt gemacht habe, sind für mich das Wertvollste überhaupt. Und genau das habe ich nun geteilt: Die Geschichte meiner Reise. Und weil die Reise weitergeht, gibt es kein Ende.

# Dank

Bei der Entstehung dieses Buches wurde ich von verschiedenen Menschen unterschiedlich unterstützt. Die einen haben mir konkret bei der Umsetzung des Buches geholfen, die anderen haben mir auf meiner Reise, auf der dieses Buch basiert, tatkräftig zur Seite gestanden. An dieser Stelle möchte ich allen aufrichtig dafür danken!

Besonders bedanken möchte ich mich bei:

Bettina Feldweg und Verena Pritschow, die bei Malik das Buch betreut haben. Eine bessere Zusammenarbeit hätte ich mir nicht vorstellen können. Vielen herzlichen Dank!

Matthias Teiting für seine kluge und phänomenale Arbeit. Ich habe noch nie mit einem so kompetenten und angenehmen Lektor zusammengearbeitet. Tausend Dank – ich habe wirklich viel von dir gelernt.

Maxi Leinkauf und Jan Pfaff von der Wochenzeitung *der Freitag*, die mich als allererste Personen dazu motiviert haben, diese Geschichte aufzuschreiben. Vielen Dank!

Florian Glässing, der sich als Erster darum bemüht hat, dass dies auch in Form eines Buches stattfindet, und der mich immer wieder aufs Neue motiviert hat. Deine Unterstützung war so wichtig für mich. Herzlichsten Dank!

Meinen Eltern, die mich am allerlängsten auf dieser Reise begleitet haben, die nicht immer einfach war. Und dafür, dass sie mich nie haben hängen lassen und ebenso wie meine Großmutter immer an mich geglaubt haben, der ich hiermit auch herzlich danke.

Lara und ihrem Vater dafür, dass sie mir eine neue Perspektive auf die Welt eröffnet haben und bis heute eine wahre Inspiration sind.

Genau wie Daniel, der leider nicht mehr unter uns weilt, weswegen ich seinen Namen geändert habe.

Meinem Freund David Weyand, der mich die drei vergangenen Jahre auf meiner Reise begleitet hat, mich immer großartig unterstützt hat und mir auch bei der Entstehung des Buches stets zur Seite stand.

Arjun, der nicht mit seinem richtigen Namen genannt werden will, aber erlaubt hat, dass er Teil dieses Buches ist.

Außerdem möchte ich diejenigen erwähnen, die mir meinen Lebensstil organisatorisch ermöglicht haben. Deswegen ein herzliches Dankeschön an: Celina Allers, Anett Bohm, Caitlin Boyle & Curt Ellis, Nadine & Andre Dannapfel, Ariane Hundt, Maria Koimtzoglou, Ana Rita Martins, Eglantina Monteiro, Carolin Neumann, Albio de Nascimiento & Kathi Stertzig, Ross B. Lewis und Janet Christine Shook.

Und ich danke all meinen Freunden von ganzem Herzen für ihre Aufrichtigkeit und Freundschaft!